Sieglinde Mörtel

Bitte hinten anstellen!

Geschichten und Anekdoten aus Thüringen

Wartberg Verlag

Impressum

Bildnachweis:
Archiv Gemeinde Hummelshain: S. 12, 50, 58
Archiv Stadt Kahla: S. 9, 52, 55
Ullstein Bildarchiv: S. 23 (BPA), 28 (Wiezorreck), 32 (AKG Pressebild), 47 (Lehnartz)
Jürgen Brachvogel: S. 60/61
Marion Gebauer: S. 68
Barbara Glasser: S. 35
Robert Jecke: S. 16/17
Anja Jungfer: S. 70
Harry Mörtel: S. 15, 11
Sieglinde Mörtel: S. 26, 39, 41, 42/43, 79
Uwe Mörtel: S. 72
Dorothea Rosenkranz: S. 75
Katrin Rosenkranz: S. 8
Ramona Sawislo: S. 64
Ingolf Völker: S. 76

Wir danken allen Lizenzgebern für die freundliche Abdruckgenehmigung. In Fällen, in denen es nicht gelang, Rechtsinhaber an Abbildungen zu ermitteln, bleiben Honoraransprüche gewahrt

3. Auflage 2014

Layout: Attila Jo Ebersbach, Kassel
Druck: Hoehl–Druck Medien + Service GmbH, Bad Hersfeld
Buchbinderische Verarbeitung:
Buchbinderei S. R. Büge, Celle

34281 Gudensberg-Gleichen, Im Wiesental 1
Telefon (0 56 03) 9 30 50
www.wartberg-verlag.de
ISBN: 978-3-8313-1966-4

Inhalt

Liebe Ur-Thüringer, liebe Freunde Thüringens, liebe Leser, die gewiss bald Thüringenfans werden!

WIR THÜRINGER SIND bekanntlich ein gemütliches Völkchen. Wir lieben das Deftige ebenso wie das Süßlich-Verspielte, in Form von Speisen oder Worten oder der Kultur. Schließlich sind unsere Bratwürste, unsere Klöße und der Thüringer Kuchen nicht weniger bekannt als unsere Premiumklassiker, unsere unzähligen Burgen und Schlösser und unsere wunderschöne Landschaft. Mit Thüringen verbinden sich wohlklingende Begriffe aus der Geschichte und aus der Gegenwart.

Doch in der Zeit, von der die nachfolgenden Geschichten erzählen, den 50er- bis 80er-Jahren, existierte Thüringen offiziell nicht, nicht einmal unter „T" in „Meyers Jugendlexikon". Stattdessen gab es die Bezirke Erfurt, Gera und Suhl, dazu den jeweiligen Menschenschlag wie die „Erfurter Puffbohnen", die „Gerschen Fettguschen" oder die „Löffelschnitzer" aus dem Thüringer Wald.

Die Teilung Thüringens in drei Bezirke zog weitaus weniger Entfremdung nach sich als die Teilung Deutschlands. Vielleicht waren wir Thüringer schon durch die Geschichte abgehärtet, weil es zur Zeit der Kleinstaaterei hierzulande mehr Grenzen als Straßen gab.

In unserem Selbstverständnis waren wir trotz inner-DDR-deutscher Bezirksgrenzen immer Thüringer. Unsere nahen Nachbarn unterschieden wir in Sachsen, Preußen und „Fischköppe", denen auch als Nicht-Thüringer sicher diese oder jene Episode bekannt vorkommen wird. In mancher Geschichte – die Namen sind teilweise geändert – wird sich eher der Ur- oder Ex-Thüringer wiederfinden. Und unsere künftigen Fans erfahren schon mal vorab einiges über Land und Leute.

Ich wünsche viel Vergnügen bei der Lektüre!

Sieglinde Mörtel

Von wegen Bratwurst-Schlaraffenland

SO URGEMÜTLICH WIR THÜRINGER auch sein mögen, ein paar Dinge gibt es doch, die uns – das heißt den Durchschnitts-Thüringer – auf die nicht vorhandene Palme bringen. Beispielsweise Schilder mit der Aufschrift „Orig. Thür. Roster“, und das womöglich im tiefsten Bayern, an der platten Küste, im hauptstädtischen Berlin oder im chaotischen Banken-Frankfurt. Ein solcher Schriftzug lässt nur einen Schluss zu: Wer hier Würste anpreist, ist zu faul, den vollen Namen auf die Tafel zu schreiben. Oder er bietet jene ekelhaft haltbar gemachten, vorgekochten und eingeschweißten wurstähnlichen Gebilde an, die wir schlechthin als „Leichenfinger“ bezeichnen.

Eigentlich benötigt unsere Thüringer Bratwurst überhaupt keinen Werbespruch, weil die Nase den Weg zu ihr von ganz allein findet. Das Einzigartige ist aber nicht der schnöde Geruch von Würsten über der Holzkohleglut, sondern obendrein der Duft des Bieres, mit dem abgelöscht wird. Diesen Luxus kann sich natürlich kein „Orig.-Thür.-Roster“-Stand leisten. Dort nimmt man einfach eine Handvoll Wasser aus dem Eimer, um die auflodernden Flämmchen in ihre Schranken zu weisen.

Allerdings ist in Sachen Bratwurst eine prinzipielle Aufklärung vonnöten: Nein, auch unsereins lebte nicht schon immer im Bratwurst-Schlaraffenland, wo man zwei, drei oder mehr Würste mal eben in sich hineinstopfen konnte. Bis in die 60er-Jahre hinein waren Bratwürste der Höhepunkt am 1. Mai, zum Kindertag und am Republik-Geburtstag. Dann stand Vater ewig lange Schlange und brachte für jedes Familienmitglied eine Wurst mit. Dazu gab es 21er Brause – und wir waren selig. Immerhin, für jedes Familienmitglied eine Wurst zu 85 Pfennig, das riss ein ziemliches Loch in die Haushaltskasse.

In den 70er-Jahren wurde dann alles viel besser. Das sollten auch Tante Annelies und Onkel Herbert aus Köln spüren, die im Sommer 1977 für eine Woche zu den Müllers auf Besuch kamen. Annelies hatte geschrieben, dass sie es kaum erwarten könne, nach 31 Jahren ihr geliebtes Gera wiederzusehen, auf der „Sorge“ und an der Elster entlangzuflanieren. Ins Theater wolle sie auch, zumal die Karten in der Zone so billig seien. Und endlich würden sich auch ihr Herbert und der Rudi, Elsis zweiter Mann, kennenlernen. Die Elsi sollte sich keine Umstände machen, weil sie allerhand schöne und brauchbare Dinge mitbrächten. Nur eines wünschten sich die beiden Kölner: echte Thüringer Bratwürste mit allem, was dazugehört!

Als Elsi den Brief las, stiegen ihr die Tränen in die Augen. Gegen Abend, noch immer aus dem Häuschen, empfing sie ihren Mann schon an der Haustür: „Stell der for, de Anni will komm! De Anni aus'n Wasten, har ze uns.“ Und Rudi brummelte: „Was'n for ne Anni? Un wenn will'n die kumm? Un wie lang will'n die dobleibn?“

Eine halbe Stunde später war Rudi im Bilde und Elisabeth wieder auf dem Boden der Tatsachen. Am nächsten Tag begannen sie mit der Planung: Elsi würde den Mai-Haushaltstag aufsparen, den für Juni dazunehmen und zwei Tage Urlaub machen. Rudi verpflichtete sich, an drei Tagen Überstunden abzubummeln. Das war also geklärt.

Trotzdem blieben bis zu ihrem ersten Westbesuch gerade mal sechs Wochen. Nicht viel Zeit für die in drei Schichten arbeitende Elisabeth und ihren Rudi, der nach seinem Lehrmeister-Arbeitstag im „zweiten AV“ – dem zweiten Arbeitsverhältnis – oft bis in die Nacht hinein schrubbte. Die Kinder konnten sie nicht einspannen. Tochter Karola verschwand in den Studentensommer nach Ungarn, Sohn Uwe beschützte die DDR-Bürger vorm Klassenfeind und Nesthäkchen Robert hatte den

Sommer mit Lager für Arbeit und Erholung und einer Tramper-Tour kreuz und quer durch die Republik verplant.

Die Müllers schafften alles. Die Fenster waren geputzt, die Gardinen gewaschen und auch das Unkraut-Ex tat auf dem Plattenweg im Vorgarten seinen Dienst. Am Tag X lag kein Stäubchen auf dem Staßfurter Fernseher, sämtliche Betten waren frisch bezogen, die Stufen gewischt und die Hecke geschnitten. Alles, was glänzen konnte, war mit „Ata“, „Fit“ und „Klarofix“ auf Vordermann gebracht.

Endlich war es so weit, der schicke kanariengelbe Escort passierte das kleine thüringische Dörfchen nahe der Bezirksstadt und weckte die Neugier seiner Einwohner. Er hielt vor dem Einfamilienhaus vom Typ EW 65 B. Schon lagen sich die beiden Großcousinen schluchzend in den Armen. Kurz darauf hatte auch das Dorf Klarheit darüber, zu wem der Westbesuch gehörte. Indessen äugte Herbert nach einem geeigneten Stellplatz für seinen Wagen. Vergebens! „Nee, mir ham noch keene Garasche“, meinte Elsi, „awer kummt erschtemo rei, ich moch enn scheen Gaffee off. Hob extra Mona gekooft.“

Bald schwebten die Frauen in früheren Welten. Herbert lächelte verbindlich, schlürfte seinen Mona-Kaffee und sagte immer mal wieder „Ja“ oder „Stimmt“. Endlich betrat Rudi die Stube. Herbert holte eine Flasche Maria-Cron aus dem Koffer, erzählte über Italien und seinen neuen Escort, Rudi über seine Automatik-Schwalbe und die Trabi-Anmeldung.

Der Abend hätte so schön sein können! Aber nein, die liebe Tante Annelies musste fragen, ob sie denn, wenn schon nicht zur Begrüßung, wenigstens morgen ihre schmerzlich vermissten Bratwürste bekäme. Die seien doch das Einzige, was sie sich wirklich gewünscht habe. Kurze Zeit später erklärten alle den ersten gemeinsamen Abend für beendet. Während Herbert und Anni in den

Erfinderisch waren wir auf jeden Fall: Was es nicht zu kaufen gab, wurde selbst gebaut.

frisch bezogenen, mit Bückware extra weich gespülten Betten versanken, erörterten Rudi und Elsi bis früh Viertel zwei eventuelle Lösungsmöglichkeiten ihres akuten Westbesuch-Problems. Wie hatten sie nur die Sache mit den Bratwürsten vergessen können?

Einen eigenen Rost hatten sie. Zwar baute Rudi in seinem zweiten AV Trabant-Anhänger, doch Schiebers Klaus von gegenüber hatte sich auf Roste spezialisiert. Hauptberuflich war er Brigadier in einem volkseigenen Metallbetrieb und kam deshalb gut an den benötigten Schweißdraht ran. Die Schiebers hatten vielleicht auch noch Holzkohle, meinte Rudi ...

Sie hatten! Erleichtert stellte Elisabeth am nächsten Morgen den halb vollen Sack in den Keller. Herbert und Anni mussten ja nicht wissen, dass er geborgt war. Am Nachmittag war alles beisammen: Semmeln, Bornsenf, Speck zum Einreiben des Rostes und ein Kasten Bier. Annelies war begeistert von den Fünfer-Semmeln – was die Müllers aber erst Jahre später verstanden, als sie die zu 90 Prozent aus Luft bestehenden gesamtdeutschen Brötchen kennenlernten.

Ob Kaufhalle, HO-Fleischerei oder beim „Privaten“ – angestanden wurde überall.

Rudi hatte eine Stunde eher Feierabend gemacht und Bratwürste besorgt. Das war gar nicht so einfach, denn in der Kaufhalle kam erst am Donnerstag Lieferung. Und beim Maxe, einem der wenigen noch verbliebenen privaten Fleischer, musste man langfristig vorbestellen, weil er mit dem knappen Kontingent nicht so konnte, wie er wollte. Dankbar nahm Rudi den Tipp seines Kollegen an, dass jener andere Private drei Dörfer weiter oft auch nachmittags noch Bratwürste habe. Er schwang sich auf seine Schwalbe, fuhr über Land und – hatte Glück.

Inzwischen war Herbert mit dem Waschen seines Wagens fertig, Anni und Elsi hatten die Camping-Klappstühle in den Vorgarten geräumt und Rudi wenig später den Rost aufgestellt. Während er die „Volkswacht“ zusammenknüllte und die Holzkohle darauf verteilte, berichtete er stolz, dass er die Würste extra vom Privaten geholt habe, weil die besser seien als die vom Fleischkombinat.

Anni war längst wieder versöhnt mit sich und der Welt, die kleine Spannung vom Abend zuvor war verflogen. Rudi wedelte mit einer großen Pappe wie verrückt vorm Rost herum, aber die Holzkohle wollte nicht recht brennen. Wahrscheinlich hatte sie der Schiebers Klaus in der Gartenhütte statt im Keller stehen. Elsi holte eine Verlängerungsschnur und den Staubsauger, den ihr Mann verkehrt herum vor den Rost hielt. Dank der Luftzufuhr kam das Feuer in Gang. Herbert konnte sich angesichts dieser Technologie vor Lachen kaum halten, sodass nicht nur sein stattlicher Bauch, sondern auch die großblumigen Bermudas wackelten.

Beim Auflegen der Würste referierte Rudi darüber, dass hierzulande nicht „gegrillt", sondern „gebraten" werde und das Ding folglich auch nicht Grill, sondern Rost heiße. Plötzlich hielt er inne und starrte verdattert auf die Würste. Eine nach der anderen platzte, hier und da quoll eine schaumartige Masse heraus. Den drei anderen entging sein verzweifelter Blick nicht. In der Überzeugung, dass der Brater irgendwas falsch gemacht haben musste, versuchten sie, ihn zu trösten. Das sei doch kein Beinbruch, auf den Geschmack komme es an.

Wie es sich gehörte, nahm Rudi drei Flaschen aus dem Kasten, hebelte zwei mit der dritten auf und reichte eine dem Herbert. Die andere hielt er mit dem Daumen zu, schüttelte sie kräftig, spritzte das Bier aus zwei Meter Entfernung zielgenau auf den Rost, erntete dafür große Anerkennung und erklärte, dass so was nur ein richtiger Thüringer draufhabe. „Ah, dieser Duft ist einmalig", schwärmte Annelies. „Jetzt weiß ich, was mir all die Jahre gefehlt hat." Die Männer prosteten sich zu und nahmen einen kräftigen Zug.

Nun war es der Kölner, der wie versteinert dastand. Sein Gegenüber schaffte es gerade noch, sich umzudrehen, bevor er unter einem Hustenanfall das Bier wieder ausspuckte. Wütend hob er nacheinander ein paar Flaschen aus dem Kasten, hielt sie gegen die Sonne und begutachtete den Schlamassel. Lauter Flocken drin! Rudi fluchte wie ein Pferdekutscher. „Elende Sauerei! Bis itze wor's Bier nur in de Flaumzeit fix schlacht, nune schoo im Friesommer. Des derf duch nich wahr sinn!"

Herbert griff sich Annis Glas, spülte mit Schaalaer Morelli nach und schlug vor, neues Bier zu holen. „Gieht nich", meinte Rudi, „'s glei sechse, da sinn de Lädn dicht." Und murmelte: „Naja, de Werschte sinn glei fertsch."

Wortlos schnitt er vier Semmelköpfe auf, packte die verunstalteten Würste hinein, löffelte reichlich Senf darauf und verteilte sie. Keiner sprach. Herbert und Annelies starrten auf ihre Füße und kauten eisern. Elisabeth hatte den ersten Bissen noch im Mund und blickte ihren Mann entsetzt an. Die Dinger waren ungenießbar. Rudi zuckte mit den Schultern, legte seine Semmel samt Inhalt auf den Tisch, zog eine Schachtel F6 und Streichhölzer aus der Hosentasche und zündete sich eine an. Resolut durchbrach Elisabeth das Schweigen, indem sie die beiden offenen Bierflaschen überm Rost auskippte und beschloss: „Itze rechts! Mir gehn bei Ewald in de Kneipe!"

Eine Stunde später war die Stimmung wieder besser. Rudi erzählte am Stammtisch dem Schiebers Klaus vom Reinfall mit der Bratwurst-Fete. Der lachte sich scheckig und meinte: „Bei den Fleescher geht mer och nich, wenn Wochnende Fußball wor. Da iss der doch immer drei Dache besoffn."

Am Donnerstag beschlossen die vier, einen neuen Versuch zu wagen, damit Anni doch noch ihre Bratwürste bekam, notfalls eben die vom Kombinat. Wohl wissend, dass an diesem Tag gegen zehn in der Kaufhalle Lieferung kam, stieg Elsi aufs Fahrrad und kehrte mit zwei Netzen am Lenker zurück. Das Bier besorgten die Männer, und weil sie das mit Herberts Wagen und Währung taten, gab es Dominator Export und Wernesgrüner und für die Frauen Rotkäppchen-Sekt.

Diesmal lief alles bestens. Die Würste gelangen, das Bier war genießbar, der Sekt prickelte. Anni war ent-

In den Augen von Nicht-Thüringern sahen die Bratwürste in rohem Zustand etwas gewöhnungsbedürftig aus.

zückt. Elsi jedoch nagte ewig an ihrer Wurst herum und ging zwischendurch zweimal Nachbars Katze streicheln, weil diesmal wieder besonders dicke Fettpuffen drin waren. Manches Stück würgte sie im Ganzen hinunter, damit es weg war. „Wahrscheinlich bin ich nur zu empfindlich“, dachte sie. Immerhin vertilgte Anni bereits ihre dritte, Herbert die vierte Wurst. Denen schienen die Würste wirklich zu schmecken. Und selbst über Rudi musste sie sich wundern, er sagte, er habe schon drei am Rost gegessen. Dass es in Wirklichkeit nur eine war, die er sich mit der Katze teilte, behielt er für sich.

Nach dem letzten Bissen hatte Elisabeth ein seltsames Gefühl am Gaumen. Sie ging ins Haus, betastete mit dem Finger ihren Mund und zog zwischen den Zähnen etwas heraus. Tatsächlich, eine lange fette Schweineborste! Igitt! Mehr als eine Viertelstunde verging, ehe sich die Gastgeberin wieder blicken ließ, ausgerüstet mit einer Flasche Bohnekamp zur Verdauung und in der tiefen Überzeugung, nie wieder eine Thüringer Bratwurst anzurühren.

Tatsächlich sollten in den folgenden Jahren nur Klopse, Rostbrätl und Schaschliks auf Müllers Bratwurstrost landen. Den Wiedereinstieg wagten sie mit Würsten vom Maxe, dem Stamm-Fleischer.

Woran erkennt man einen „gelernten Ossi“? An seinem Erfindergeist und der Gabe, aus Nichts was zu machen.

Umspannbahnhof Camburg

DURCH UNSERE REPUBLIK zu reisen, war schon immer ein Erlebnis, zumindest für uns als Kinder. Reiste man beispielsweise von Thüringen an die Ostsee, konnte man dieses Highlight bis zu 20 Stunden am Stück genießen. Trotz D-Zug-Zuschlag! Immerhin musste man erst mal zum Bahnhof und dann zur großen Hauptstrecke gelangen. Und von dieser dann, nach der schier unendlich langen D-Zug-Strecke und völlig übermüdet, zum Verteiler-Verkehr Richtung Ferienort. Für uns drei Kinder waren die Reisen zum Darß Ende der 60er-, Anfang der 70er-Jahre mit der Deutschen Reichsbahn (DR) besonders aufregend.

Unsere Eltern wählten die Tour so, dass wir Leipzig bei Nacht erleben durften. Während des vierstündigen Aufenthalts betrachteten wir ehrfürchtig die Schaufenster des noblen Pelzhauses am Brühl, das postmoderne Konsument-Warenhaus und all die blinkenden, an- und ausgehenden oder gar sich drehenden Leuchtreklame-Konstruktionen. Anhand der Wandmalereien in Auerbachs Keller erfuhren wir vom frivolen Treiben des Mephisto. Vor der Abreise gen Norden ließen wir uns in der schicken Messestadt-Mitropa (mit Empore und weißen Tischdecken!) Brause servieren.

Danach folgte die nächtliche Zugfahrt im luxuriösen Liegewagenabteil mit je zwei „Drittelstock-Betten". Weil wir zu fünft reisten, waren wir neugierig darauf, ob die sechste Person schnarchen, sich halb ausziehen oder gar pupsen würde. Wenn morgens der Bahner mit heißem Wasser, löslichem Kaffeepulver in Aluverpackung und gesüßtem Kräutertee durchkam, waren wir fast angekommen. Manchmal weckten uns die Eltern zwischendurch, wenn wir des Nächtens Berlin passierten und von Ferne die Lichter des Fernsehturms bestaunen konnten. Da spürten wir ihn, den Hauch der Metro-

Die Bahnstrecke Camburg-Saalfeld-Probstzella, hier zwischen Kahla und Orlamünde, ohne Elektrifizierung und mit nur einem Gleis.

pole, und waren irgendwie stolz darauf, zu diesem Teil der großen weiten Welt zu gehören.

Aber die ersten unvergesslichen Reichsbahn-Abenteuer erlebten wir eigentlich schon in Camburg, wo laut DR-Kursbuch längere Aufenthalte planmäßig vorgesehen waren. Denn Camburg war Umspann-Bahnhof, und es war äußerst interessant anzusehen, wie unser Zug von der Dampf- oder Diesellok abgehängt wurde und wir eine E-Lok vorne dran bekamen.

Nach heutigen Gesichtspunkten waren die wunderschönen Dampfloks freilich üble Umweltverschmutzer. Aber sie hatten was! Für die Lokführer ebenso wie für unsere westdeutschen Landsleute.

01 0534-6

Bei unserer ersten Reise an die Ostsee fragte ich meinen Vater, was das Wort Umspann-Bahnhof bedeute. Ich hatte erst kurz zuvor den Begriff „Spannung“ erlauscht, als der Elektriker unsere Bottichwaschmaschine reparierte. Spannung, das hatte irgendwas mit elektrischem Strom zu tun und war gefährlich. „Messer, Gabel, Scher’ und Licht (also Strom), sind für kleine Kinder nicht!“

Aber Vati nahm mir meine Angst und mich in den Arm: „Na pass mal auf: Mit den Zügen, das ist so ähnlich wie früher mit den Pferden.“ Flugs begriff ich, dass er mit „früher“ die Zeit der bösen Junker und der unterdrückten Arbeiter und Bauern meinte; das hatten wir in Heimatkunde gelernt, als es um die Bodenreform und den Sozialismus ging. „Das Chausseehaus, die Bach-Mühle, der Thüringer Hof“, so fuhr er fort, „das waren alles Ausspannen. Die hungrigen müden Pferde wurden ausgespannt und dafür satte, ausgeschlafene Pferde angespannt.“

Ich betrachtete die Gleise und fragte mich, wie hier ein Pferd ordentlich laufen sollte. Doch Vati erläuterte: „Genauso ist das mit den Loks. Die Dampflok frisst Kohlen, die Diesellok Diesel. Hier in Camburg ist das Futter alle. Also werden die müden und hungrigen Loks aus- oder abgespannt und gut genährte vorgespannt. Die kriegen nämlich ihr Futter aus der Oberleitung, sie fressen elektrischen Strom. Weil es bei uns zu Hause keine Kabel über den Gleisen gibt, müssen die Dampfloks bis hierher mit Kohlen keuchen.“ Nun wusste ich, warum Camburg Umspannbahnhof hieß. Und unsere hungrige Dampflok, die uns bis hierher gezogen hatte, tat mir richtig leid.

Dass es in Vorzeiten zwischen Camburg und Probstzella schon mal Oberleitungen und ein zweites Gleis gegeben hatte, die allerdings demontiert wurden und ins große Bruderland reisten, erfuhr ich freilich erst später, als ich den Begriff „Reparationsleistungen“ kennenlernte, und ebenso, warum die Züge manchmal noch länger im Camburger Bahnhof standen, als im Kursbuch vorgesehen. Das hatte mit den Interzonenzügen zu tun. Die erkannte man immer daran, dass sie viel sauberer und die Fahrgäste hinter den geputzten Scheiben schon auf den ersten Blick als „welche von drüben" auszumachen waren. Das Umspannen der Interzonenzüge hatte in jedem Fall Vorrang, alles andere hatte zu warten. Die Letzten in der Reihenfolge waren die Güterzüge, selbst wenn sie überhaupt nicht umgespannt wurden.

So erging es auch Lokführer Robert, als er in den 70er-Jahren per Dampflok einen Güterzug nach Leipzig zu bringen hatte. Er brachte den Zug im Bahnhof zum Stehen, unmittelbar neben den Waggons des Interzonenzuges. Dessen Fahrgäste waren hellauf begeistert, eine so schöne und für sie so seltene alte Lokomotive aus nächster Nähe zu erleben. Einige kurbelten die Fenster herunter. Robert und dessen Heizer Hans, beide passionierte Bahner und gesprächige Thüringer, beantworteten gern die Fragen der Neugierigen. Kurz bevor sich der Reisezug Richtung Probstzella in Bewegung setzte, reichte ihnen jemand zwei Bananen zu.

Die Rücklichter des Interzonenzuges waren noch zu sehen, als es von draußen an die Lok wummerte: „Trapo! Sofort aufmachen!" Vor Robert und Hans standen zwei blau uniformierte Genossen der Transportpolizei mit gestrengem Blick. „Sie wissen doch, dass es verboten ist, Geschenke anzunehmen." Ja, das wussten sie. Dazu noch Geschenke vom Klassenfeind!

Aber sie kamen glimpflich davon. Wie gefordert, übergaben sie den wachsamen Genossen ihre beiden Bananen, versprachen Besserung und bestiegen wieder ihre Dampflok. Ein Nachspiel hatte die Sache nicht, und gewiss wurde das kapitalistisch verseuchte Edelobst klassenbewusst entsorgt.

Spruze, Zwischenschweine und „E“s

WENN VON „Spruzen“, „Zwischenschweinen“ und „E“s die Rede ist, weiß jeder, worum es geht: Um die Zeit bei der „Asche“, bei der „Fahne“ oder, korrekt ausgedrückt, um den Ehrendienst bei der Nationalen Volksarmee. Dass auch den meisten Frauen Begriffe wie „Uffz“ oder „Zehnender“ geläufig sind, verwundert nicht. Denn wenn Männer einer bestimmten Altersgruppe miteinander plaudern, kommen sie früher oder später auf dieses Thema – vor allem, seit es keine NVA mehr gibt. Wirft jemand einen Insider-Begriff in den Raum, hagelt es Gesprächsstoff von allen Seiten. Zumindest von den männlichen Gesprächsteilnehmern, die irgendwann derart am Fachsimpeln sind, dass es den weiblichen auf die Nerven geht.

Kaum einer ist mit fliegenden Fahnen anderthalb Jahre zur Fahne gegangen. Auch den „Dreijährigen“ war mehr an ihrem späteren Studienplatz gelegen als an der Verteidigung der sozialistischen Heimat. Dennoch fallen heute oft Sprüche wie „Geschadet hat’s nicht“. Und regelmäßig kringelt man sich gemeinschaftlich vor Lachen über die „Hustensafttruppe von drüben“, bei denen nach Feierabend oder am Wochenende kein Krieg hätte ausbrechen dürfen.

Obwohl das Soldatsein reine Männersache war, bereitete man vorsichtshalber auch die Mädchen beizeiten auf ihre wichtige Aufgabe als Freundin, Verlobte oder Ehefrau eines Volksarmisten vor – mit ähnlich zweifelhaftem Erfolg wie bei den Jungen. Welcher Frau nicht die ehrenvolle Rolle zuteilwurde, mit einem Grundwehrdienstleistenden liiert zu sein, lernte die Situation spätestens dann kennen, wenn die Männer oder Familienväter drei Monate zur Reserve eingezogen wurden. Die notwendigen Fähigkeiten lernte man allerdings nicht in der Schule, zum Beispiel mit dickem Bauch Kohlen reinschaffen, dem städtischen Wohnungsamt auf die Nerven gehen, eingefrorene Wasserleitungen auftauen oder Eingaben schreiben – oder auch den Besuch in der Kaserne erfolgreich organisieren.

Wie etwa Julia, deren Mann Andi drei Monate auf den Erfurter Steiger beordert worden war. Schon im ersten Brief gab er ihr ein paar Tipps, wie sie ihren ersten Besuch bewerkstelligen könnte. Ihr war ziemlich mulmig bei der Vorstellung, dass sie sich mit Maria, ihrer dreijährigen Tochter, bis zur Erfurter Steigerkaserne durchwursteln sollte.

Am nächsten Abend klingelte Gitte aus der Nachbarschaft und meinte, Andi hätte gerade angerufen. Julia sollte mit rüberkommen, er wollte in zehn Minuten noch mal anrufen. Gittes Mann, der Helmut, war Revierförster und verfügte deshalb über eines der vier Telefone im 800-Seelen-Dorf. Offiziell waren ihm Privatgespräche zwar verboten, aber ab und zu ging das schon mal. Es funktionierte! Andi hatte einen gängigen Münzfernsprecher ergattert und soldatisch verteidigt. Die beiden verabredeten sich für den kommenden Sonntag und Julia schrieb genau mit, was Andi an organisatorischem Grundwissen herausgefunden hatte. Schließlich meinte er: „Schatz, tu mir bitte noch einen Gefallen und bring ein Rohr mit.“ Sie stutzte: „Was für Zeug?“ Er: „Na ein Rohr eben, weißt schon.“ Sie wusste nicht! „Wozu zum Geier braucht ihr dort Rohre?“ Aber die Antwort, die sie zu hören bekam, war: „Piep, piep, piep.“

Verwundert wandte sie sich an die Nachbarin: „Du, Gitti, sag mal, was für Rohre brauchen die Kerle in der Kaserne? Und wofür überhaupt?“ Gitte konnte sich darauf keinen Reim machen. Plötzlich druckste sie rum: „Also, vorstellen kann ich mir das zwar nicht, aber ... na ja ... ich meine ... vielleicht ... Ja also, die sind ja dort alle unter sich. Ohne Frauen und so. Vielleicht hat es was damit zu tun.“

In Anbetracht dieser Eventualität holte Gitte zwei Gläser und eine Flasche „Wilde Sau“ aus dem Schrank. Nach dem zweiten Mal Nachschenken – die beiden Frauen hatten sich inzwischen etwas gefangen – kam Revierförster Helmut herein. „Na ihr zwee Weiwer, habt wohl een gepichelt?“ Gitte sprang auf und holte ein drittes Glas. „Komm gleisch emal her, mei guder Heller! Sach emal ganz offn und ehrlisch, was machen die Kerle in dr Kaserne mit Rohren.“ Helmut guckte verständnislos: „Na was schon? Aussaufen! Und dann übern Zaun schmeißen wie ne Handgranate.“

Am Tag darauf ging Julia in den Konsum und kaufte ein „Rohr“ Marke Goldbrand. Packte am Sonnabend Kuchen, Knacker, Marmelade und eine Pampelmuse in ihre Umhängetasche. Dazu Bemmen, Brause und Spielzeug. Das Rohr kam in Marias Kinderrucksack, obendrauf Bimbo, der Plüschaffe.

Sonntag früh dreiviertel sechs klingelte der Wecker. Viertel acht fuhr sie mit ihrem Mariechen in Helmuts papyrusfarbenem Trabi los, 8.26 Uhr setzte sie sich in den Bummelzug, stieg vier Stationen weiter um in den Personenzug nach Erfurt. Vom Hauptbahnhof aus, so hatte Andi gesagt, solle sie ein Schwarztaxi nehmen und einfach nur „Steiger“ sagen. Die Schwarztaxis, das seien ganz normale Privatautos, die aber die Scheinwerfer anhätten und weitaus billiger seien. Am besten, so sagte er, solle sie so tun, als ob sie an den Autos vorbeischlendere, damit alles etwas unauffällig wirkt.

Sie fasste ihr Mariechen, nahm die Umhängetasche über die Schulter, den kleinen Rucksack in die andere Hand und schlenderte. Vorerst nur bis zum Bahnhofsvorplatz. Dort standen unzählige Frauen mit ihren Kindern hinter dem Schild „Frei für Taxis“, davor einige zivile Wartburgs, Ladas, Skodas und Trabis, sogar zwei Dacias und ein Wolga waren dabei. Keines der Autos war grau oder hatte ein Taxi-Schild auf dem Dach. Es

Als der DDR-Willi Stoph mit dem BRD-Willy Brandt 1970 über den Erfurter Bahnhofsvorplatz schritt, standen natürlich keine Schwarztaxis herum.

hatte auch keines die Scheinwerfer an. Sie wurden bestiegen, fuhren los, kamen zurück. Lautstark erschallte immer die gleiche Frage: „Steiger oder Henne?" Danach sortierte man sich, erneut wurden Autos bestiegen.

Während Julia verzweifelt versuchte, hierin ein System zu erkennen, hatte Maria Kontakt zu einem kleinen Jungen aufgenommen. Er hieß Marcel. Dessen Mutter grinste und fragte: „Bist wohl zum ersten Mal hier?" Elke kam aus Köselitz, ihr Mann war im dritten Diensthalbjahr, sie hatten es bald hinter sich. Sie sagte: „Mach dir nichts draus, mir ging es am Anfang genauso." Sie blieb hinter der Frauen-und-Kinder-Traube stehen und machte keine Anstalten, sich vorzudrängeln. Schaute immer nur auf die sich ständig bewegende Autoschlange. „Da isser", murmelte sie plötzlich, fasste die Hand ihres Sprösslings und wies Julia an: „Los, komm mit, das ist Erwin, der macht das schon." Julia klemmte ihr Mariechen unter den Arm, packte Tasche und Rucksack und flitzte Elke aus Köselitz hinterher.

Erwin fragte nicht „Steiger oder Henne?“, er fragte: „Wie lange?“ Und Elke fragte Julia: „Wie lange?“ Die antwortete: „Drei Monate.“ Erwin schielte in den Rückspiegel, der auf Julia ausgerichtet war: „Bein Resis macht's awer eene Mork mehr. Sin ja nur zwelf Wuchn, darfier hastes awer eksklosif und musst nich rumdrängle.“

Da war es schon, das große geschlossene Tor mit dem bekannten Symbol, daneben ein rot-weißer Schlagbaum. Julia und Maria waren vorzeitig da. Dank Elke und Erwin. Jenseits der Schranke, nur wenige Meter entfernt, stand Andi, ebenfalls zu früh. Doch er regte sich nicht vom Fleck, rannte den beiden nicht entgegen und hielt es nicht für nötig, wenigstens zu winken. Stand einfach nur da und guckte. Er sah ziemlich ungewohnt aus, mit kurzen Haaren, ohne seinen Schnauzbart und in dieser hässlichen Uniform.

Elkes Mann war, wie sie sagte, der stramme Rotblonde, der gelassen rauchend ganz hinten herumstand. Sie selbst saß noch auf dem Beifahrersitz, Erwins Hand haltend. Julia beschloss, die nächste Hürde in eigener Regie anzugehen. Bedankte sich bei Elke, bezahlte ihre fünf Mark, verabschiedete sich von Erwin und schritt mit ihrem Mariechen selbstbewusst auf die sich ständig öffnende und wieder schließende Schranke zu.

Andi stand noch immer da wie ein Denkmal. Selbst jetzt, wo Mariechen ihn erspäht hatte und ihm wie verrückt zuwinkte, zeigte er keinerlei Regung. Einen Augenblick lang überlegte Julia, ob sie sich einfach umdrehen und beleidigt von dannen ziehen sollte. So hatte sie sich den Empfang bei ihrem ersten Besuch nicht vorgestellt! Doch da stand sie schon an der Schranke und tat automatisch das, was alle vor geöffneten Schlagbäumen tun: Sie schritt hindurch und erwartete die Anweisungen des Postens – die schwere Umhängetasche über der Schulter und das Mariechen auf dem Arm. Samt Kinderrucksack!

Sie musste ihre Tasche von der Schulter nehmen und auf harte Gegenstände durchsuchen lassen. Der Durchsucher nahm seine Aufgabe weniger ernst, als sein Gesichtsausdruck glauben machte. Ihr Herz bubberte. Was passiert, wenn er Marias Rucksack inspiziert?, dachte sie. Doch das Mariechen textete den Onkel Soldat zu, und so interessierte es ihn nicht, ob außer dem Bimbo noch mehr im Rucksack war. Die beiden kamen ungeschoren davon. Schon wollte Julia aufatmen, da sprudelte Maria lautstark hervor: „Was ham mir'n dem Papa mitgebracht? Bier, Schnaps oder Wein?" Julia zuckte zusammen, zischte: „Biste still!" und ging vorwärts. Nichts passierte. Dass der wachende NVA-Soldat ein Zwischenschwein und mit Andi auf der Stube war, erfuhr sie erst später. Auch dass er enttäuscht war, als er nichts in Julias Tasche ertastete.

Die nächsten vier Stunden verbrachten die drei im Besucherraum zusammen mit etlichen anderen Familien und Paaren. Der war groß und düster, die Wände waren grau gestrichen, mit Ölfarbe-Sockel. Die karierten Wachstuchdecken auf den langen Tischen waren voller Brandflecken. Die Aschenbecher quollen über, die Luft war zum Schneiden. Maria war enttäuscht, weil sie weder Papas Bett sehen durfte noch den Laster, den er manchmal fuhr, Panzer erst recht nicht. War alles streng geheim, so wie das gesamte Objekt, außer dem Weg zwischen Schlagbaum und Besucherraum.

Maria entdeckte Marcel und Elke und lotste sie heran. Der rothaarige Papa erinnerte an einen Teddybären, hieß Jochen und meint zu Andi: „Resi?" Der nickte. Elke packte einen Thermosbehälter mit Soljanka, drei Plasteteller, drei Alulöffel und eine Schöpfkelle aus, Julia das Bemmen-Paket, einen Rührkuchen und die Thermosflaschen mit Kaffee und Kräutertee. Andi zog sein Taschenmesser aus der Hosentasche und schnitt den Kuchen in Stücke. Als die drei ihre Teller leergelöffelt hatten, schöpfte Elke nach und schob die Suppenteller rüber zu Andis Familie. Gegen fünf brachen die beiden Frauen mit Marcel und Maria wieder auf. Erwins Trabi stand pünktlich vorm Tor.

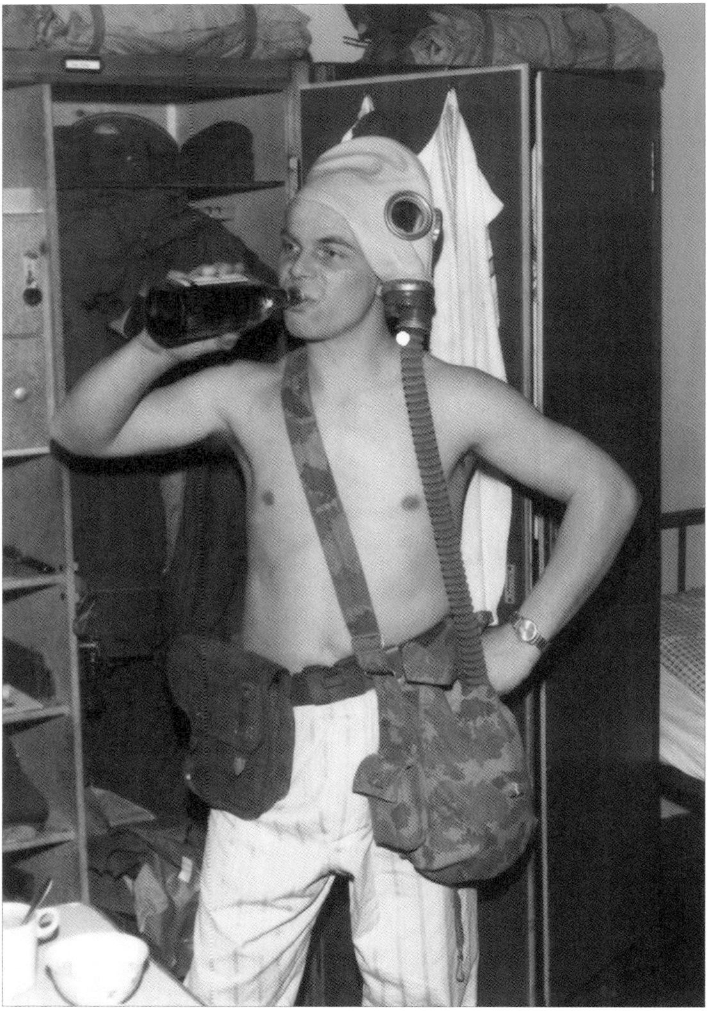

Manchmal ging es „bierernst“ zu in den NVA-Kasernen.

Privilegien dank Polski Fiat

VOM 24. BIS ZUM 26. Dezember hat Andi Urlaub bekommen. Zu Hause angekommen, entledigt er sich der Uniform, zieht sich das armeeeigene Unterhemd und die ausgeleierte graue lange Unterhose vom Leib, wirft alles in die Truhe und knallt demonstrativ den Deckel zu.

Drei Tage später packt er die Klamotten in die Reisetasche. Er hat beschlossen, nicht mit der Bahn zu fahren, sondern verbotenerweise mit dem klapprigen Polski Fiat. Einen Stellplatz im Wald hat er bereits ausgeguckt. Etwas riskant ist es schon. Es ist streng verboten, in Zivil zu reisen. Mit seinem Armee-Haarschnitt ohne Uniform würde ihn garantiert die Trapo auf dem Erfurter Hauptbahnhof oder eine Streife in der Straßenbahn Richtung Steiger als ungehorsamen NVA-Angehörigen und Befehlsverweigerer entlarven. Geringer ist die Gefahr, mit dem PKW in eine allgemeine Verkehrskontrolle zu geraten. Aber er hat Glück, niemand bemerkt sein Vergehen.

Entdeckt wird allerdings das Auto am Waldrand Nähe Steigerkaserne. Nicht von den Vorgesetzten, wohl aber von jemandem, der offenbar dringend zwei Vorderräder brauchte. Nun ist es Julia, die ihr ganzes Organisationstalent unter Beweis stellen muss. Vier Sack Portlandzement und zwei Zylinderkopfdichtungen kosten die beiden Räder. Die verlädt Helmut in seinen Kofferraum, dazu vier Wagenheber und etliche Ziegelsteine.

Am Sonntag – Andi hat Ausgang bekommen – schrauben die beiden Männer die zwei verbliebenen Hinterräder ab, verstauen sie im Kofferraum des Fiats und bauen Ziegel darunter. Damit Andi sie in drei Wochen wieder anschrauben und offiziell als Zivilist nach Hause fahren kann.

Doch es kommt ganz anders. 28 Grad minus zeigt das Thermometer. Auf dem offiziellen Steiger-Parkplatz, der ausschließlich den Vorgesetzten und Zivilbeschäf-

Stubendurchgang mit Spindkontrolle! Auch hier konnten „gute Beziehungen“ von Vorteil sein.

tigten der Kaserne vorbehalten ist, geht nichts mehr. Ob Trabi oder Wartburg, kein Auto springt an, selbst der neue Skoda streikt. An den Fenstern hin zum Parkplatz breitet sich allgemeines Grinsen aus. „Die paar Minusgrade“, meint Andi schadenfroh, „haben meiner Möhre noch nie was ausgemacht.“

Kurz darauf hat er bei der Obrigkeit anzutreten. In so gar nicht militärischem Ton meint der OvD, es sei ihm zu Ohren gekommen, dass er sein Auto in der Nähe habe. „Stimmt“, antwortet er, „das hat meine Frau mitgebracht.“ Dass Julia überhaupt keine Fahrerlaubnis hat, verrät er nicht. Und der Offizier will es auch nicht wissen. Ihn interessiert nur, ob die Chance besteht, dass Andis Fiat anspringt. „Freilich springt der an, nur fahren kann er nicht, weil keine Räder dran sind.“

Nach einer Stunde sind sie dran, die Räder, angeschraubt mithilfe der Obrigkeit. Per Abschleppseil werden die Trabis, Wartburgs und der Skoda wieder flottgemacht. Und der Polski Fiat steht bis zur Entlassung mit Sondergenehmigung auf dem offiziellen Parkplatz am Steiger.

Goethe und andere Forscher im Anatomieturm zu Jena

NATÜRLICH SIND WIR STOLZ darauf, dass der größte gesamtdeutsche Klassiker ein Unsriger war! Geboren wurde er zwar in Frankfurt am Main, aber das sehen wir ihm nach, dafür konnte er nichts. Vernünftigerweise entschied er sich schon mit 16 Jahren für die Ausreise in die spätere DDR, was seinerzeit noch ohne Antrag möglich war. Offenbar verfolgte er von frühester Kindheit an das Ziel, dereinst in den Kreis der Thüringer aufgenommen zu werden.

Wahrscheinlich traute er sich nicht, dies im späteren Westdeutschland rundheraus zuzugeben. Er nahm lieber – clever, wie er war – den Umweg über Leipzig, Wetzlar und Straßburg. Mit Mitte zwanzig ging schließlich sein Wunschtraum in Erfüllung: Er wurde Bürger von Thüringen, wo er sicher zu jedem Augenblicke hätte sagen mögen: „Verweile doch, du bist so schön.“ In Dornburg und auf dem Kickelhahn, in Weimar und Jena sowieso, eigentlich überall und nirgends.

Was haben wir unserem großen Dichter und Denker nicht alles zu verdanken: Massenhaft Ginkgoblätter, echte und gezeichnete. Das Liebhaber-Theater Großkochberg, das sicher nicht wegen des einstigen Liebhabers der Frau von Stein so heißt. Selbst bei der Saale-Begradigung hat er mitgemischt. Freilich hat er auch allerhand Geschriebenes hinterlassen. Und dann soll er selbst den Schillers Friedrich, seines Zeichens Professor an der gleichnamigen Uni, gesponsert haben! Gestorben ist der trotzdem mit Mitte 40, schade, er war viel schöner, leider auch viel ärmer als unser großer Dichterfürst.

Wir sind wirklich froh, dass wir ihn damals als Wahlthüringer so herzlich und vorurteilsfrei in unseren Reihen aufgenommen haben. Aber im Vertrauen gesagt:

Manchmal geht er uns ein wenig auf den Geist, obwohl er schon über 170 Jahre tot ist. Egal wohin man kommt, beinahe jede geschichtsträchtige Örtlichkeit gibt damit an, dass „Er" einst ebenda logierte, speiste oder zumindest vorbeiwanderte. Und wenn nichts davon zutrifft, so hat er wenigstens seine Notdurft in deren Gemarkung verrichtet, wonach bewusster Baum oder Strauch angeblich prächtig gedieh und spätestens nach 1990 als Goethe-Buche unter Schutz gestellt wurde. Vielleicht auch als Johann-Wolfgang-Tanne, als Faust-Birke oder Erlkönig-Erle. Im Notfall ist selbst heute noch schnell eine Mephisto-Mistel anzusiedeln.

Eine Institution war der Herr Goethe für uns Schüler aus den Bezirken Erfurt, Gera und Suhl. Wir bezeichneten uns nicht als Thüringer oder gar als Deutsche, nein, wir waren Jugendliche der DDR. Mehr oder weniger! In unserer Sturm- und Drang-Periode half uns keine Bravo, wohl aber der „Prometheus". Da war es legitim, dass man im Übermut ein paar Disteln köpfte, selbst wenn sie unter Naturschutz standen. Wir lernten, dass der böse Große die Hütten der armen Kleinen „eben doch stehen lassen" musste, sofern sich das Proletariat einig war.

Unter Anwendung der erlernten philosophischen Fertigkeiten begriffen DDR-Schüler bald, dass Herr Goethe ein Wegbereiter des Sozialismus war. Das hat unser proletarisch gesinnter Dichterfürst seinerzeit schon geahnt. Er verzog sich von Weimar aus nach Italien, weil er nicht ertrug, dass sein alter Freund Carl August an seinem ererbten aristokratischen Plüsch-Sessel klebte. Das war nicht mehr der gleiche Carl August, mit dem er in jungen Jahren inkognito durch die Lande gestreift war und derbe Späße getrieben hatte.

Beispielsweise erzählt man sich noch heute gern die Geschichte mit der Katze im Butterfass. Demnach sollen die beiden Wanderer auf einem Bauernhof irgendwo zwischen Weimar und Jena um frischen Trunk gebeten

Goethe auf dem Kickelhahn bei Ilmenau.

haben. Die Bauersfrau war aber gerade beim Buttern. Freilich könne sie Wasser holen, auch Apfelsaft, Milch oder Wein, aber die Herren müssten inzwischen schön fleißig weiterbuttern. Sie versprachen es und butterten. Doch dann kam die Katze daherspaziert und August meinte, das arme Viech wolle bestimmt mal kosten. Johann-Wolfi erfüllte ihr – der Katze – jenen Wunsch, nahm sie im Genick und setzte sie ins Butterfass. Die beiden Pseudo-Landstreicher waren längst abgehauen, als die Bauersfrau mit ihrer Gabe zurückkehrte. Wenig später packte die beiden das schlechte Gewissen. Sie machten kehrt, um der Bäuerin den Schaden zu erstatten und sich zu entschuldigen. Doch die liebe Bäuerin war keineswegs sauer. Ihre Katze hatte überlebt, und was die Butter betraf, so soll sie gesagt haben: „Das macht doch nischt. Die Butter geht sowieso nur an den weimarischen Hof, die fressen alles."

Diese Geschichte erfuhren wir natürlich nicht in der Schule, die erzählten uns die Großeltern. Dafür lernten wir aber neben den goetheschen Dichtungen auch das Wissenschaftsgenie Goethe kennen. Und zwar schon in der fünften Klasse im Geschichtsunterricht, wo es um die Verwandtschaft unserer Spezies mit den Affen ging. Kein anderer als eben Herr Goethe soll das Beweisstück gefunden haben: den legendären Zwischenkieferknochen. Und zwar in Jena, im Anatomieturm.

Das Thema würde, so sagte das Lehrerkollegium, auch später in Biologie (darwinsche Abstammungslehre) und in Staatsbürgerkunde (Sein und Bewusstsein) behandelt werden. Doch die Kati und der Manner wollten nicht so lange warten. Sie gehörten schon im Kindergarten derselben Bande an und hatten ihre gemeinsame „Timur-Ära" inzwischen längst durchlaufen. Nun waren sie dabei, von der POS-Mittelstufe in die Oberstufe umzusteigen. Höchste Zeit also, höheres Wissen auf eigene Faust zu erkunden. Über die acht Wochen Sommerferien, so ihre Verpflichtung, würden sie eine Wandzeitung gestalten zum Thema „Goethe, Marx, Engels, Lenin und der Sozialismus". Die Kati und der Manner, die von seltsamen Gedanken und undefinierbaren Gefühlen geplagt wurden ...

Sie trafen sich auf dem Bahnhof, kauften Fahrkarten nach Jena und gingen auf Erkundungstour. Den Stadtplan von Jena hatte Manner im Buchhandel erworben; jetzt kam es darauf an, die theoretischen Erdkunde-Kenntnisse (Kartenlesen) der praktischen Feuertaufe zu unterziehen. Der Anatomieturm war als Denkmal ausgewiesen. Jetzt nichts wie hin und Dinge wie Zwischenkieferknochen suchen!

Der Deutsche-Reichsbahn-Fahrplan stimmte. Der Jenaer Stadtplan anfangs auch. Paradiesbahnhof–Holzmarkt–CZ (für Carl-Zeiss-Werk). Dazwischen musste er sein, der Anatomieturm. Ein Turm, sagte Manner, sei hoch und daher gut zu sehen. Kati meinte, er müsste auch eine stattliche Grundfläche haben, wenn darin massenhaft Dinge wie Knochen zu finden seien. Außerdem müsste ein großes Schild auf diese abenteuerliche Örtlichkeit hinweisen.

Sie hatten das Areal schon einige Male erfolglos abgeschritten. Kati maulte, dass eigentlich nur er, der Manner, auf diese blödsinnige Idee mit der Jena-Reise gekommen sei. Ein Turm, der nicht zu sehen ist! Kein Grabungsfeld, wo man nach Knochen buddeln könnte.

Dem Manner ging das Genöle auf die Nerven. Kurz entschlossen fragte er ein paar Passanten nach dem berühmten Anatomieturm. Der vierte, ein älterer Mann mit Aktentasche, wusste es: „Dreht euch mal um, da ist er", sagte er und fügte hinzu: „Das ist aber schön, dass sich Kinder heute noch für die Stadtgeschichte interessieren."

Die beiden sahen sich um und dann einander völlig entgeistert an. Einerseits, weil er sie „Kinder" genannt

Der Rest des Anatomieturms in Jena.

hatte, andererseits in Anbetracht des mickrigen Turmes. Sie standen vor dem Rest eines uralten runden Mini-Gebäudes, der Ruine eines Teils der einstigen Stadtmauer. Tatsächlich gab es daran ein Schild, ein ganz kleines aus Plaste, so ähnlich wie die Schilder im Zug mit der Inschrift: „Nicht öffnen, bevor der Wagen hält.“ Zögerlich warfen die beiden Nachwuchs-Wissenschaftler einen Blick ins Innere des Turmes, das mit wenigen Schritten erreichbar war. Ihre Forscher-Taschenlampen brauchten sie nicht, da infolge des fehlenden Daches genügend Tageslicht einfiel.

Und tatsächlich gab es einiges zu erspähen: Flaschendeckel, Bonbonpapier, leere F6-, Karo- und Riesaer Streichholzschachteln. Sogar Scherben, aber nur welche von braunem Glas mit Etikett-Resten von Jenaer Bier und Rosenbräu. Sonst nichts! Der Boden des berühmten Zwischenkiefer-Turmes war nichts weiter als eine Mischung aus urwüchsigem Dreck, Kippen und Gebrauchsspuren, infolge der Sommerhitze nahezu zu Staub zerfallen.

Die Kati war am Boden zerstört! Der Manner nicht so sehr. Die Situation war günstig, er – der Mann – musste/konnte/durfte sie trösten. Hier, im enttäuschenden Anatomieturm schickte der 14-Jährige sich an, den ersten Kussversuch zu wagen. Was bedeutete, dass sie ihre fest zugekniffenen Münder aneinanderhielten. In Manni stieg ein unbekanntes Gefühl auf. Kati dachte an die Wandzeitung. Und daran, dass sie jetzt, da sie nun erstmals „richtig geküsst" worden war, sich ziemlich erwachsen fühlen dürfte.

Der Manner und die Kati sehen sich noch heute regelmäßig alle fünf Jahre zum Klassentreffen. So auch im vorigen Jahr, als sie sich mit allen anderen darüber belustigten, wie damals ihre zu Papierflugzeugen gefalteten Briefchen durch das Klassenzimmer flogen. Erst jetzt, mit Mitte 50, haben sie ihr Erlebnis im Anatomieturm zum Besten gegeben.

Von Backfrauen und Kuchenpaketen

„UN SCHNEID DE STICKEN werklich ganz kleene, dass de von alln was droff hast!“ So lautete die übliche Mahnung der prädestinierten Backfrauen. Und mit Recht! Ob zur Jugendweihe oder Konfirmation, zur grünen, silbernen oder goldenen Hochzeit – die Kuchenpäckchen waren ungeheuer wichtig.

Wer ein Geschenk brachte, bekam ein Kuchenpäckchen. Auch wer eine Karte mit Inhalt abgab. In den Stunden, da die zu Beschenkenden gerade zur Feierstunde, auf dem Standesamt, in der Kirche oder zum Essen in der Gaststätte waren, hütete eine liebe Nachbarin das Haus. Sie nahm die Geschenke und Briefe in Empfang und gab ordnungsgemäß die vorbereiteten Kuchenpäckchen aus. Allerdings kam sie manchmal etwas in die Bredouille. Beispielsweise wenn Briefe persönlich überbracht wurden und die auch noch zugeklebt waren. Aufmachen und nachgucken ging nicht. Aber woher sollte sie, die liebe Nachbarin, wissen, ob dem Überbringer ein großes oder kleines Kuchenpäckchen zustand? Oder vielleicht nur eine Handvoll Plätzchen?

Sobald wieder anwesend, hatten die Jubilare, Jugendweihlinge, Konfirmanden oder Brautleute diesen Job selbst zu erledigen. Über alles Eingehende wurde akribisch eine Liste geführt: „Müllers 5 Mark, Schmidts Geschenk, Schusters 10 Mark, Meiers Karte.“ Wichtig war das vor allem im Hinblick auf künftige Anlässe bei Müllers, Schmidts, Schusters und Meiers. Schließlich wollte sich niemand „lumpen lassen“. Aber gerecht sollte es eben auch zugehen.

„Huchzschen“ (von grün bis eisern) verteilten sich übers ganze Jahr. Die österlichen Konfirmationen waren zahlenmäßig ziemlich ausgedünnt. Aber das jährliche Jugendweihe-Wochenende war ein fester Termin, nicht nur für die Jugendweihlinge und deren Familien, sondern auch für das dörfliche oder kleinstädtische Volk.

Schlechte Karten hatte jeder, der um diese Zeit Geburtstag hatte, mit seiner Verwandtschaft in der Kneipe Mittag essen wollte und sich nicht mindestens ein halbes Jahr zuvor angemeldet hatte. Dann hieß es: „Nee, das geht wirklich nicht. Wir haben drei Jugendweihen drin." Auch im örtlichen Konsum, im HO-Laden oder in der Betriebs-Verkaufsstelle wurden Raritäten wie „Edelkonserven" (sprich: Ananas, Champignons, Mandarinen usw.), mitunter auch Butter und Rum-Verschnitt nur an jene abgegeben, die bekanntermaßen eine Festivität zu bestreiten hatten. Das war auch gerecht, denn jeder hatte irgendwann eine Feierlichkeit und war somit irgendwann mit der Bevorzugung dran.

Allerdings profitierten in der Regel all jene vom Jugendweihe-Wochenende, die von der Raritäten-Verteilung gerade ausgeschlossen waren. Ihnen flatterten fünf, zehn oder gar 20 Kuchenpäckchen ins Haus. Alle gefüllt mit mindestens 20 verschiedenen pralinengroßen Kostproben. Es war immer wieder ein Erlebnis, jene zwei mal drei Zentimeter großen Stückchen in drei Teile zu zerlegen und bei jedem Häppchen gemeinsam zu rätseln, wer wessen Backfrau war. Hier war es eindeutig die Helga, die immer „ihr Programm" bäckt. Dort hatte Doris gebacken, weil nur sie diese Tortenspritze besaß. Und der Kuchen mit dem grünen Guss, der konnte nur von Christel stammen, die bekam ihn aus dem Westen. Meistens gaben neue Kuchensorten Rätsel auf – und schon gab es neuen Gesprächsstoff.

Für Zugezogene waren solche Ereignisse eine völlig neue Erfahrung. Marina und Steffi beispielsweise, die kamen unüberhörbar von der Küste und konnten nicht verstehen, warum in Thüringen der Kuchen so klein geschnitten wird: „Bei uns kriegt jeder ein großes Stück auf den Teller und gut. Wer noch Hunger hat, nimmt ein zweites. Danach ist jeder satt."

Viele Sorten, kleine Stückchen, damit auch ausgiebig probiert werden kann!

Geheimrezept Huckelkuchen

OBWOHL DIE MARINA von der Ostseeküste den ihr eigenen Akzent bis heute nicht abgelegt hat, ist sie hierzulande heimisch. Logisch, denn sie hat sich einen der weltbesten Männer ergattert: einen Thüringer! Recht bald wusste sie, die hiesigen Klöße mit ordentlichem Wildbraten zuzubereiten. Und zur Jugendweihe ihrer Tochter gab es richtige Kuchenpakete von der Backfrau. Nur ein Geheimnis hatte sie bis dahin noch nicht entschlüsselt: das des Prophetenkuchens, der im Volksmund „Huckelkuchen" heißt oder regionale Namen trägt wie „Bockerscher Weg" oder nach anderen gewöhnungsbedürftigen Überland-Straßen benannt ist.

Als Marina ihn zum ersten Mal sah, wusste sie nicht, was sie von dem seltsamen Gebilde halten sollte. Sie probierte den Kuchen und konnte das allgemeine „Oh" und „Ah" überhaupt nicht verstehen. Die Einheimischen hatten ihr gesagt, sie möge „die Berge" essen, die seien das Beste. Sie aß die Berge, die anderen die Täler. Ganz zufällig nur hatte die Marina von der Küste mitbekommen, dass die Täler das wirklich Leckere sind. Beschimpfte ihre Thüringer Freunde als „krumme Hunde" und wollte sich fortan nicht mehr zum Narren halten lassen.

Marina war Krankenschwester und teilte mit ihren Kolleginnen so manches Geheimnis. Jeder im Kollektiv wusste, dass sie, das abtrünnige Küstenkind, nicht den besten Stand in ihrer Großfamilie hatte. Dennoch kriegte sie oft Besuch, öfter, als ihr lieb war. Diesmal hatten sich aber nicht nur die Eltern, sondern auch Tante Ida und Onkel Karl aus Rostock angesagt. Verwandte also, die ihr wirklich lieb waren und zu denen sie jederzeit in den Urlaub kommen konnte. Genau die beiden wollte die Marina nun mit Huckelkuchen verwöhnen – und zwar mit selbst gebackenem. Was lag da näher, als sich an die alteingesessenen Kolleginnen zu wenden.

Der Prophetenkuchen ist eine Thüringer Spezialität. Ihn zu backen, erfordert neben dem richtigen Rezept auch etwas Erfahrung und ein bisschen Glück.

Die meisten Geheimtipps verrieten, wo man guten Prophetenkuchen zu kaufen kriegt, aber das wusste sie längst. Wie man ihn selber bäckt, so erfuhr sie, wisse am besten Anna, die Stationshilfe. Zur nächsten gemeinschaftlichen Frühstückspause sprach sie die Anna diesbezüglich an. Und beging dabei einen fatalen Fehler.

„Du Anna, du kommst doch aus einer Bäckersfamilie“, begann sie das Gespräch. „Sag mir doch mal, wie der Huckelkuchen geht.“ Anna war sofort in ihrem Element: „Du brauchst Eigelb, Mehl, Öl und Schnaps.“ Marina zückte Stift und Zeitungsrand und bemerkte nebenbei, dass ihr Bruder Bäcker sei, im Norden oben. Und dass er schon etliche Male herumprobiert, aber noch nie den blöden thüringischen Prophetenkuchen hingekriegt habe.

Dass Anna beim „blöden thüringischen“ leicht zusammenzuckte, sah wohl kaum jemand. Erst recht nicht

Ob hier am Saale-Ufer tatsächlich die Huckelsteine für den Prophetenkuchen zu finden sind?

Marina, die auf die Grammangaben, Ofentemperaturen und die Backzeit wartete, um sie fürs brüderliche Bäckerherz aus dem Norden zu notieren. „Die Fischköppe", so beschloss Anna insgeheim, „die sollen mal schön ihre Fische räuchern, unseren Huckelkuchen backen wir selber."

„Ja weeste, meine Kleene", sagte Anna, „du musst eenfach alles vermische un ausprobiere, wies am Bestn wird." Marina schrieb auf: „Eier, Mehl, Öl, Schnaps und probieren." Und fragte die Anna: „Aber wie krieg ich nun die Huckeln in den Kuchen?" Daraufhin rückte Anna ganz nah an Marina heran und vertraute ihr in gedämpftem Ton an: „Ja, die Huckeln sind ein Geheimnis, aber ich verrate es dir. Dort unten, am Saale-Ufer, da liegen sie nämlich, die schönen runden Huckelsteine. Die musst du sammeln, je nachdem, wie deine Huckeln aussehen sollen. Dann musst du sie ordentlich waschen und schrubben und danach mindestens dreimal in frischem Wasser auskochen. Die legst du dann auf das Kuchenblech, so wie die Huckeln werden sollen. Den Teig musst du schön dünn und gleichmäßig darüberschütten und alles mit viel Hitze backen."

Marinas Augen wurden immer größer und die Schwestern-Kolleginnen rührten eifrig in ihren Kaffeetassen herum. Selbst Dr. R., der sonst stets akkurate Arzt, wandte sich uralten Karteikarten zu und fing an zu husten. Anna legte noch nach: Ob Marina denn noch nie aufgefallen sei, wie viele Leute sonnabends die Saale entlanglaufen. „Die sammeln alle Huckelsteine." Marina umarmte die alte Anna, die ihr das Geheimnis anvertraut hatte.

Und so suchte sie die schönsten Steine, wusch, schrubbte und kochte sie. Rührte Eier, Mehl, Öl und Schnaps zusammen, verteilte alles ordnungsgemäß über die Steine und schob das Blech in den Herd. Erst passierte nichts. Dann macht es puff. Und dann puff – puff –

puff. Marina erschrak mächtig, meinte aber, dass das in Thüringen vielleicht so sein müsse. Das Ergebnis konnte sich immerhin sehen lassen! Zwar war der „Kuchen" ziemlich dunkelbraun, roch auch etwas seltsam, hatte aber wundervolle Huckeln.

Am nächsten Tag zur Frühstückszeit im Dienstzimmer verkündete Marina strahlend, wie wunderbar der Kuchen gelungen war. Nur eines müsse sie ganz schnell noch erfahren, bevor der Besuch anrückte: „Wie kriege ich die Steine aus dem Kuchen raus?"

Jetzt half kein Kaffee-Umrühren, kein Husten und kein Karteikarten-Suchen mehr. Alle prusteten los. Fast alle! Marina nicht. Sie saß reglos auf ihrem Stuhl, während ihr das Wasser unaufhaltsam in die Augen schoss, bevor sie aufsprang und den Gang entlangrannte. Dr. R. höchstpersönlich bewegte sie schließlich dazu, den Schnapper der Klotür wieder aufzumachen und zurück ins Dienstzimmer zu kommen. Dort standen vier Bleche auf dem Tisch. Vier Bleche Huckelkuchen! Alle fix und fertig mit Butter, Zucker, Vanillezucker, Zitrone und Staubzucker. Anna meinte nur: „De Blache musste mir awer widder gähm. Zwähe dorvon hubbsch geboorscht."

Nach bewusstem Besuchs-Wochenende hat auch Marina herzlich gelacht: „Ich hab gesagt, die Huckeln seien das Beste. Die haben zuerst die Berge gegessen. Erst später haben sie spitzgekriegt, dass die Täler besser schmecken." Inzwischen bäckt Marina ihren Prophetenkuchen längst selbst. Ohne Steine vom Saale-Ufer.

Erziehungsmethoden der besonderen Art

ES GESCHAH MITTE der 50er-Jahre in einem typischen Thüringer Dorf mit rund 600 Einwohnern, vier Kneipen, drei Läden, ein paar Handwerkern und einem Saal, in den alle vier Wochen der „Landfilm“ kam. Unsere DDR war noch jung an Jahren, die damals neuen gesellschaftlichen Strukturen begannen, Gestalt anzunehmen. Das Wesentliche aber blieb, wie es war, so auch die kurvenreiche, mal ansteigende und mal abfallende enge Dorf-Nebenstraße, die an der einzigen Kreuzung im Ort auf die Dorf-Hauptstraße traf.

Eben hier entlang kam zweimal in der Woche der Hermann aus dem fünf Kilometer nahen Nachbarort, um seinen Geschäften nachzugehen und hernach bei ein paar Bierchen am Stammtisch das Neueste zu erfahren. Hermann kam aber nicht zu Fuß oder mit dem Fahrrad, wie es damals üblich war. Nein, er verfügte über den Luxus eines Mopeds. Was aber nicht hieß, dass er dieses Gefährt auch sicher bedienen konnte. Vor allem an besagter Einmündung hatte er arge Probleme, die scharfe Rechtskurve zu kriegen. So passierte es ab und zu, dass er erst am gegenüberliegenden Zaun zum Stehen kam. Dem Hermann tat es keinen größeren Schaden, seinem Moped auch nicht – dem Zaun aber umso mehr!

Fluchend behob Zaunbesitzer Franz immer wieder den Schaden, damit die Hühner nicht ausbüxten. Doch das wurde ihm zu bunt, und so legte er sich auf die Lauer. Von seinem Laubengang aus, der von der Wohnung auf den Donnerbalken führte, beobachtete er Abend für Abend das Geschehen. Da, endlich: Es krachte! Wie seine jüngst angenagelten Latten barsten, das hörte er nicht nur, er konnte es förmlich spüren. Franz hatte schon die ganze Zeit über geahnt, dass es nur der Hermann sein konnte. Nun hatte er den Beweis.

Ein freiwilliger Helfer der Deutschen Volkspolizei (FH der DVP), 1962.

Wäre er nur ein privater Zaunbesitzer, er hätte dem Übeltäter einen Satz heiße Ohren verpasst. Aber Franz war mehr als das. Er war „Freiwilliger Helfer der Deutschen Volkspolizei“, kurz: FH der DVP. Sogar einer der Ersten, denn jene Polizeihelfer gab es erst seit 1952. Immerhin hatte Franz in dieser Funktion schon zweimal zur Mai-Demonstration die Straße gesperrt. Seither wusste jeder im Ort, dass er – Schulter an Schulter mit dem Dorfpolizisten, der inzwischen ABV (Abschnittsbevollmächtigter) hieß – für Ordnung und Sicherheit sorgte. Die Kinder grüßten ihn respektvoll, und die Älteren wandten sich an ihn, wenn über Nacht Salatköpfe aus dem Garten verschwunden waren. Da konnte er als anerkannter und geachteter FH der DVP natürlich nicht hinnehmen, dass der Hermann mit dem klapprigen SR 1 ständig seinen Gartenzaun demolierte. Franz wusste, was er zu tun hatte.

Beherzt lief er in seinen Latschen die Treppe hinunter und schritt zum Hermann hin, der noch dabei war, sein Moped zwischen den Zaunlatten herauszufädeln. Als ausgewiesener Freund und Helfer ging er dem Verunfallten freilich erst mal zur Hand. Doch kaum stand das Fahrzeug wieder auf seinen beiden Rädern, nahm Franz Haltung an: „Nune reecht's awer. Das is itze is verte Mol! Gäbb mer mal glei dein Fiererschein!“

Natürlich war sich Hermann seiner Untaten bewusst, überhäufte sein Gegenüber mit Entschuldigungen, bot an, den Zaun selbst zu reparieren und gelobte Besserung. Doch Franz ließ sich nicht erweichen und forderte unter Verweis auf seinen Polizeihelferstatus die Herausgabe der Fahrerlaubnis einschließlich Berechtigungsschein. Hermann rückte sie schließlich heraus, ohne zu verstehen, was der geschädigte Zauneigentümer damit vorhatte. Jener verschwand damit im Haus. „Vielleicht“, dachte der Hermann bei sich, „vielleicht holt der jetzt einen Knüppel? Hat die Papiere als Pfand mitgenommen, damit ich nicht abhaue? Oder will der mich hier verhungern und verdursten lassen?“

Schon ging die Haustür wieder auf. Franz schritt mit triumphierendem Blick die ausgetretenen Sandsteinstufen hinab, über die Straße geradewegs rüber zum Hermann. In der Hand ein rotes Etwas. Dienstbeflissen streifte er sich die rote Armbinde übers Handgelenk, wurschtelte sie ungeschickt über den Wulst des hochgekrempelten Ärmels seines Hemdes und fingerte so lange daran herum, bis schließlich die Aufschrift „Helfer der Volkspolizei“ zu entziffern war. Darunter prangten Hammer und Zirkel im Ährenkranz, umschlossen von der silberfarbenen Sonne der Sicherheitsorgane. Hernach kramte er erneut in der Tasche seiner verwaschenen blauen Latzhose herum. Sein aufgehelltes Gesicht hellte sich noch weiter auf, leuchtete noch heller als die Sicherheitssonne. Er zog das wertvolle Objekt zwischen Daumen und Zeigefinger heraus. Mit abgespreiztem Mittel-, Ring- und kleinem Finger hielt er dem Hermann sein FH der DVP-Dokument vor die Nase. Und steckte es sich in Zeitlupe in die Brusttasche seines rot-blau-weiß-karierten Hemdes.

Die Männer standen sich gegenüber. Der 1,87 Meter große Hermann mit seinem verrosteten Moped und der 1,68 Meter große Franzl mit der schicken Armbinde. Der eine schaute gesenkten Hauptes und mit eingezogenen Schultern hinab. Der andere reckte sich in die Höhe, drückte die Brust heraus und zeigte dem Übeltäter, welches Strafmaß er ihm erteilt hatte: Einen Stempel, exakt bezeichnet als eine „Eintragung im Berechtigungsschein“! Und erklärte, in drei Wochen könne er auf die Dienststelle in der Kreisstadt fahren und den Eintrag wieder entfernen lassen. Aber nur, wenn er inzwischen nicht wieder einen Unfall baue.

Als Hermann genau 21 Tage später in der Behörde vorsprach, konnten die Genossen Volkspolizisten nicht glauben, was sie da sahen. Tatsächlich einen Stempel mit einer Nummer. Der Nummer der Eier-Aufkaufstelle, die sich im Wohnhaus des FH der DVP Franz befand.

Für den Franzl hatte die Sache ein Nachspiel, er musste 50 Mark Strafe bezahlen wegen Amtsanmaßung. Der Hermann allerdings hat seither immer die Kurve gekriegt. Und am Stammtisch sorgte die Geschichte mit dem Eierstempel noch lange für Gelächter.

Auch auf dem Dorf wurde am 1. Mai demonstriert. Sicherheitskräfte gab es kaum, der „FH der DVP“ stoppte lediglich die wenigen Fahrzeuge.

Und nebenan der Sowjetstern …

WIR THÜRINGER waren schon immer weltoffen, weswegen wir nicht nur eine einzige Besatzungsmacht bei uns willkommen hießen. Freilich gaben die schmucken Soldaten aus Übersee hierzulande nur ein Gastspiel, die Rote Armee hingegen beschützte und half uns rund vier Jahrzehnte lang. Und ließ den Kindern eine ordentliche Erziehung angedeihen. Vor allem jenen, denen das Glück beschieden war, eine Kaserne in unmittelbarer Nachbarschaft zu haben.

Es war Anfang der 60er-Jahre und Jürgen ging schon in die vierte Klasse. Pfiffig, wie er war, ließ er sich von dem großen, unüberwindbaren, mit rotem Stern geschmückten Tor gegenüber seines Wohnblocks nicht beeindrucken. Er wusste längst, was dahinter vonstattenging. Dort wurde in Reih und Glied zum Appell angetreten und im Gleichschritt marschiert, LKW und Panzer wurden geputzt, es gab unzählige, fast kahlköpfige Soldaten und etliche Vorgesetzte in schicken Uniformen mit stark parfümierten Frauen. Was ihn aber am meisten interessierte, war das Russen-Magazin und die gezuckerte Kondensmilch, die dort im Regal stand.

Zwar gab es in der Republik ein paar wenige jener besonderen Verkaufsstellen, die auch dem Otto Normalbürger zugänglich waren, diese jedoch war kaserneninten, also ausschließlich den Offizieren der Roten Armee und den Zivilbeschäftigten zugänglich. Und cleveren kleinen Jungen, die wussten, wie man mit etwas Glück hineingelangt.

Jürgen und dessen Kumpel Peter näherten sich dem Kindergarten, der unmittelbar ans Kasernengelände anschloss. Wie immer um diese Zeit herrschte ein buntes Gewusel auf dem Spielplatz. Schon durchquerten die beiden den Garten; im Enten-Gang, damit sie zwischen den Kleinen nicht auffielen. Schwupps schoben sie die

Die Sowjetsoldaten gehörten bis zur Wende hierzulande zum Alltag.

drei lockeren Zaunlatten beiseite und schon war die erste Hürde genommen. Rund 150 Meter trennten sie noch vom Magazin. Flink wie die kleinen Katzen sausten sie rüber, erreichten die Ladentür und waren vorerst in Sicherheit. Larissa, die stets lustige und wohlgenährte Mattka, kannte die kleinen inoffiziellen Stammkunden. Ihren grellroten Lippen entschlüpften liebevolle, wenn auch unverständliche Worte, während „Jichgen“ und „Pjotter“ die Groschen aus den Taschen ihrer kurzen Lederhosen kramten.

Mit jeder Hand eine der begehrten Dosen umklammernd, traten die beiden ihren Rückzug an. Blinzelten verstohlen durch die Tür und rannten los, sobald die Luft rein war. Doch plötzlich, gleich nach den ersten Metern, stellte „er“ sich ihnen in den Weg. Riesig groß, mit gespreizten Beinen, üppigen Augenbrauen und schwarzem Schnurrbart. Die Fäuste fest in die nicht vorhandene Taille gestemmt, die Ellenbogen unüberwindlich wie ein Schlagbaum. Der gigantische Bauch und die hervorgestreckte Brust ließen nur eine Reaktion zu: Respekt! Augenblicklich standen sie stramm, die kleinen Kerle mit ihren süßen Habseligkeiten in den Händen. Trauten sich nicht, nach oben zu blicken, auf die mit zahlreichen Orden geschmückte braune Uniformjacke, die an der Knopfleiste zu bersten drohte. Erst recht nicht in das große kantige Gesicht, in dem sich ein amüsiertes Schmunzeln breitmachte.

Ihre Kinderohren schauderten, als sie die tiefe Stimme sagen hörten: „Kleene Swinisabaki“! Das Wort „Swinisabak“ (Schweinehund) gehörte zwar schon zu ihrem frühen Sprachschatz, nicht aber diese Stimme. Der Tawarisch (Genosse) Major ließ die beiden unerbittlich stehen und zittern, während er sich gemächlich eine drehte. Die nächsten beiden Stunden saßen sie eisern ab, der Jürgen und der Peter – in der Kasernenküche beim Kartoffelschälen. Strafe musste sein!

Die zahlreichen Latten im Zaun blieben nach wie vor lose und die Schlupflöcher erhalten. Noch oft drangen die Jungen unrechtmäßig ein und regelten, was sie zu regeln gedachten. Meistens ging es reibungslos vonstatten, nur zweimal noch wurden sie zum Kartoffelschälen beordert. Einmal wegen der Wasserpistolen, die es eben nur im Magazin gab. Das letzte Mal wurden sie bei einer strafbaren Handlung außerhalb der Kasernenmauern erwischt. Dabei waren sie nur bedingt schuldig.

Es war der 25. Dezember und Peter hatte zu Weihnachten einen Fotoapparat Marke Pouva Start bekommen. Mit zugehörigem 6x6-Rollfilm! Die Freude war riesig, und natürlich gab es nichts Eiligeres zu tun, als sich gegenseitig zu fotografieren. Selbstverständlich im Freien und bei Tageslicht, denn Blitzlichtaufnahmen waren, abgesehen vom Fotografen im Laden, in Ermangelung entsprechender Gerätschaft undenkbar. Der eine stellte sich in Positur, mit Lodenmäntelchen, Trainingshosen und den geerbten Skischuhen, der andere schraubte an dem großen Plastegewinde so lange, bis das Foto etwas werden konnte. So eines, das dann im 6x6-Format anzugucken wäre. Wichtig war – das hatte Peters Vater schon unterm Weihnachtsbaum erklärt –, dass man nicht einfach draufdrückte, sondern sein Motiv in Szene setzte. Die Rollfilme waren nicht ganz billig, ganz zu schweigen von der Entwicklung und den Abzügen.

Die Jungs drückten nicht gedankenlos drauf, sie machten sich wirklich einen Kopf, immerhin sollte der Film eine Weile reichen. Peter stellte sich neben dem Schlitten in Pose, Jürgen knipste. Anschließend Rollentausch. Weiter kamen sie nicht.

Ein „Russen-Jeep“ düste auf die beiden Jungen zu und stoppte unmittelbar vor ihnen. Ein Soldat mit rotem Stern an der Wintermütze sprang heraus und rief: „Nu, chinein!“ Die beiden standen da wie versteinert mit ihrem Schlitten und der Pouva Start. „Chinein, chinein

Welche von ihnen mögen wohl Benzin gegen Schnaps getauscht haben?

mit eich“, forderte sie der Rotarmist auf und schob die kleinen Kerle ins Auto. Ehe sie begreifen konnten, was mit ihnen geschah und warum, passierten sie schon das Tor und fanden sich vorm altbekannten Küchengebäude wieder. „Nix Foto, nix Foto“, palaverte ihr Chauffeur, nahm ihnen die Kamera ab und zog den Rollfilm heraus.

Vom Wachturm aus hatte er das Tun der beiden beobachtet. Sie hatten nicht nur sich mit und ohne Schlitten fotografiert, sondern im Hintergrund auch ein Stück der Kaserne. Ein militärisches Objekt also, was strengstens verboten war! Wenig später schälten die beiden Zehnjährigen wieder emsig Kartoffeln und konnten über ihr Vergehen nachdenken. Zwei Stunden lang, keine Minute weniger und keine Minute länger. Ordnung musste sein. Als sie entlassen wurden, bekam Peter seine Pouva Start wieder ausgehändigt. Den Rollfilm auch, allerdings lang herunterbaumelnd im satten Licht.

Die deutsch-sowjetische Freundschaft nahm dadurch keineswegs Schaden. Man praktizierte nicht nur die friedliche Koexistenz, sondern tauschte ein paar Jahre später auch alle Weile Freundschaftsgeschenke aus. Als 15-jährige stolze Mopedbesitzer litten Jürgen und Peter nicht unter der allgemeinen Benzinknappheit. Denn so manche Flasche Schnaps wechselte gegen manchen Kanister Sprit den Besitzer.

Brandschutzkontrolle

ENDE DER 60ER-JAHRE fing die Freiwillige Feuerwehr plötzlich an, Brandschutzkontrollen durchzuführen. Für die einen war das wieder so eine Erfindung der Genossen, die sich überall einmischten. Andere fanden das ganz in Ordnung. Vor allem jene, bei denen es in der Nachbarschaft schon mal gebrannt hatte.

Immerhin war klar, dass die Feuerwehrmänner ihr Metier verstanden, sie hatten schließlich Schulen dafür besucht. Die sagten den Hausfrauen ganz freundschaftlich, dass es nicht gut sei, wenn sich der Holzkasten unmittelbar unterm Küchenherd befand. Der war zwar schon immer dort, aber bei Müllers oder Schmidts hat es genau deswegen gebrannt. Fazit: Das Brennholz darf zwar neben dem Küchenherd gelagert werden (klar, es musste trocken werden), aber nicht unmittelbar unter der Feuerstelle. Fortan lagen in jeder Küche nur noch die Kohlen dort, für den Holzvorrat musste die Holzkiste ausreichen. Zumindest dann, wenn die nächste Kontrolle angesagt war. Dieser Holzkasten diente nicht nur als Depot, er trug auch sehr zur Gemütlichkeit bei, bot einen optimalen Sitzplatz, der, wenn man von draußen rein kam, überaus begehrt war.

Eine leidige Frage während der Brandschutzkontrollen war zudem die des Ofenblechs. Fakt war – und da ließen die FFW-Männer keine Kompromisse zu – es musste eines da sein. Auch hier zogen wieder die Beispiele, wo es wegen herausgefallener Glut, die auf den Dielen landete, des Nächtens brannte.

Die Diskussionen zwischen Hausfrauen und Brandschutz-Kontrolleuren entfachten sich aber nicht am vorgeschriebenen Ofenblech – das trieb man irgendwo auf –, sondern daran, ob es nun mit Bohnerwachs verschönert werden durfte oder nicht. Am Ende einigte man sich darauf, dass das Ofenblech nicht gebohnert,

Neue Feuerwehrtechnik auf dem Dorf – ein großes Ereignis für Alt und Jung.

sondern gestrichen wurde. Besonders akribisch waren die Feuerwehrmänner in den eigenen vier Wänden, denn dort – das war ehernes Gesetz – durften sie nicht selbst den Brandschutz kontrollieren; das machten die Kameraden. Und die schauten ganz genau hin in der Hoffnung, ein Versäumnis zu finden und somit eine Runde in der nächsten Versammlung einfordern zu können. Dafür reichte es schon, wenn der Nachwuchs den Aschekasten in einen Pappeimer entleert hatte, der Riegel der Ofentür nutzlos herumbammelte, die nassen Schuhe gerade in der Backröhre standen oder die durchgeweichten Trainingshosen an der Herdstange hingen. Die Leine überm Herd wurde an diesem Tag zusammengerollt und die Kehrschaufel, auf der man die Glut von einem Ofen zum anderen trug, verschwand hinterm Vorhang.

Bei der nächsten Brandschutzkontrolle stand für die FFW-Leute der Kaffee auf dem Tisch und der Backschnaps griffbereit im Küchenschrank. Alles war brandschutzgerecht, alle waren zufrieden und vertrugen sich bestens. Und: Es brannte seither seltener!

Die Bahnhofstraße ohne Bahnhof in Wutha-Farnroda

„BÜRGER DER Deutschen Demokratischen Republik. Dieser Personalausweis ist Ihr wichtigstes Dokument. Sie haben deshalb den Personalausweis stets bei sich zu tragen, vor Verlust zu schützen und auf Verlangen den Angehörigen der Sicherheitsorgane der Deutschen Demokratischen Republik auszuhändigen bzw. anderen dazu berechtigten Personen vorzulegen."

Diese Warnhinweise auf der ersten Seite seines wichtigsten Dokumentes hatte DDR-Bürger Uwe sträflich missachtet, als er sich auf den Weg nach Wutha-Farnroda machte. Dabei hätte er es genau wissen müssen, nach all dem Polit-Unterricht während seines 18-monatigen Ehrendienstes. Doch unbelehrbar, wie er war, hatte er aus der Tautenhainer Kaserne nicht das staatsbürgerliche Grundwissen mitgenommen, sondern ein paar Zettel mit Adressen und das feste Vorhaben, auch im zivilen Leben in Kontakt zu bleiben.

Und siehe da, eines Tages flatterte ihm ein Brief vom Stubenkumpel Jürgen ins Haus. Der vormalige Kampfgenosse lud ihn zu sich nach Wutha-Farnroda ein. Antwortbrief hin, Bestätigungsbrief zurück, und nach 14-tägigem Briefwechsel war klar, mit welchem Zug Uwe in Eisenach eintreffen und Jürgen – immerhin stolzer Autobesitzer – ihn dort abholen würde. Alles hätte wunderbar geklappt, wenn Uwe nicht beim ACZ (Agro-Chemisches Zentrum) gearbeitet hätte, es nicht gerade Erntezeit gewesen wäre, man ihn nicht mit dem W 50 zur sozialistischen Hilfe abkommandiert hätte, das Ernte-Kollektiv nicht gemeinschaftlich schwere Köpfe gehabt hätte, weil es am Abend zuvor in der Dorfkneipe kollektiv einen gepichelt hatte. Und wenn nicht an diesem Tag das letzte Feld fertig sein sollte,

egal wann! Es wurde fertig, allerdings später als gedacht.

Ebenfalls später als gedacht düste Uwe zurück in die Heimat, stellte den müden W 50 ab, spurtete nach Hause in seine Junggesellenbude, machte sich in Windeseile halbwegs gesellschaftsfähig und packte. Das

Angetreten zum Fototermin! II. Stabsbatterie der NVA-Kaserne Tautenhain im April 1986.

heißt, er schmiss alles Wichtige in seinen altgedienten bunten Dederonbeutel: Zahnbürste, Nicki, Unterhose und Wechselstümpfe, dazu zwei Schachteln Karo, Streichhölzer und zwei Bemmen für unterwegs. Und das Gastgeschenk, eine kleine, noch dreiviertel volle Flasche Goldbrand.

Viel zu spät erreichte er den Bahnhof, sein Zug war bereits zwischen Vieselbach und Erfurt. Doch er hatte Glück, in wenigen Minuten fuhr ein D-Zug! Bestimmt konnte er – so seine Hoffnung – ein paar versäumte Minuten herausschinden. Und vielleicht hatte der geplante Anschlusszug so viel Verspätung, dass Jürgen ihn noch erwischen konnte.

Jena, Weimar, Erfurt. Dank D-Zug-Zuschlag ging alles viel schneller als mit dem Bummelzug, der an jeder Klitsche hielt. Bis Gotha lief alles wie am Schnürchen, auch danach noch – aber nicht mehr lange. Der nächste Halt war Eisenach. Und von da aus war es nicht mehr weit bis zur Staatsgrenze der DDR. Die Sicherheitsorgane waren wachsam. Ein Kerl auf der Reise in einem gen Westen fahrenden Zug? Ohne ordentlich gepackte Koffer? Und ganz allein? Das war suspekt.

Es kam, wie es kommen musste, wenn die wachsame Staatsmacht potenziellen Republikflüchtlingen auf der Spur war. Sie erschien in Form zweier, auf die Erkennung subversiver Elemente geschulter Transportpolizisten. Die gingen ordnungsgemäß ihren Verpflichtungen zum Schutze der sozialistischen Heimat nach und verlangten die Vorlage der stets mitzuführenden Ausweisdokumente. Uwe kramte und suchte und begriff bald, dass sie noch dort lagen, wo er sie immer liegen hatte – auf dem Küchenschrank. Nicht genug damit, dass er nicht nachweisen konnte, dass er tatsächlich der war, für den er sich ausgab. Nein, er konnte nicht einmal die Hausnummer benennen, zu welcher er zu reisen begehrte. Sein lapidares Geschwätz von wegen Bahnhofstraße Wutha-Farnroda überzeugte nicht. Der Brief mit der Einladung und der Hausnummer lag auch auf dem Küchenschrank.

Auf den letzten Zug-Kilometern wichen die Sicherheitsorgane nicht von seiner Seite. Auf seine Gesprächsversuche über Ernteeinsätze, Kasernenleben oder Scheidung reagierten sie einsilbig. Am Bahnhof Eisenach avancierte Uwe zu einer überaus wichtigen Person. Flankiert von seinen Bodyguards, schritt er in die streng geheime Trapo-Baracke, wurde erneut interviewt. Diesmal hatten die netten Beschützer sogar Kuli und Papier zur Hand, um alles schriftlich zu fixieren und hernach dem Nächsthöheren vorzulegen. Der war mit der Leistung seiner Mitarbeiter überaus zufrieden, lobte deren Wachsamkeit und erteilte ihnen den nächsten geheimen Auftrag: telefonieren.

Uwe brummte der Kopf von den stets gleichen Fragen, aber auch noch vom Abend zuvor. Die Staatsorgane waren sehr mitfühlend und gestatteten ihm eine Ruhepause. Ihm war es egal, dass man ihn einer Leibesvisitation unterzog, seinen Dederonbeutel zu Kontrollzwecken konfiszierte und die Gittertür hinter ihm schloss. Seine halb volle Karo-Schachtel und die Streichhölzer hatte man ihm gelassen.

Knapp zwei Stunden später schlossen die Sicherheitsorgane die Gittertür wieder auf. Von den Genossen aus Jena und aus Eisenach hatten sie erfahren, dass Uwe tatsächlich Uwe und Jürgen wirklich Jürgen war. Selbst die Wohnorte stimmten und auch die Tatsache, dass die beiden zur angegebenen Zeit in Tautenhain gedient hatten. Es gab keine Einträge im polizeilichen Führungszeugnis und keiner der beiden war bisher auffällig geworden. Dienstbeflissen, wie sie waren, gaben sie nicht nur den bunten Beutel wieder heraus, sondern dem nun nicht mehr subversiv wirkenden Objekt dessen Freiheit zurück. Und sie erwiesen ihm abermals die Ehre ihrer Begleitung auf der Zugfahrt nach Wutha-Farnroda und passten genau auf, dass er dort auch ausstieg, sicher beschützt und bewacht, bis unzweifelhaft feststand, dass er davontrottete.

In der Annahme, nun endlich das Ziel seiner Reise erreicht zu haben, verließ er den Bahnhof und hielt Aus-

An die einstige, reichlich sieben Kilometer lange Bahnstrecke nach Ruhla erinnern noch die Reste alter Gleise.

schau nach dem Straßenschild „Bahnhofstraße". Jürgen, der ihn ja abholen wollte, war wieder nach Hause gefahren, als Uwe nicht wie vereinbart angekommen war; Uwe musste also selbst die „Bahnhofstraße" finden, die er unmittelbar am Bahnhof vermutete. Doch er wurde nicht fündig. Also musste jene Bahnhofstraße, so meinte er, von irgendwoher zum Bahnhof hinführen. Doch auch das erwies sich als Irrtum, wie er nach intensiver Suche feststellte. Uwe fand weder eine Bahnhofstraße noch eine Menschenseele, die er hätte fragen können.

Die Erlösung kam in Form eines Trabants, dem er sich soldatisch in den Weg stellte. Der Mann hinterm Lenkrad entpuppte sich als passionierter Eisenbahnfreund. Angesichts seines interessierten Gegenübers legte er ohne Umschweife los. Ja, die Bahnhofstraße gäbe es, allerdings am Bahnhof in Farnroda. Dieser liege an der 7,29 Kilometer langen Nebenstrecke, die von der Hauptstrecke Erfurt-Eisenach in den Thüringer Wald hinein abzweigte und bis Ruhla führte.

„Wo iss'n de Bahnhafstraße", warf Uwe ein.

„Bäi Farnroda, ich homm däis scho gesöt", antwortete der redselige Mann und setzte seine Ausführungen über die Ruhlaer Eisenbahn gnadenlos fort. Sie sei 1880 gegründet worden und zwar als Aktiengesellschaft, 21 Jahre später aber vom Eisenbahnunternehmer Herrmann Bachstein als GmbH und schließlich in der thüringischen Eisenbahn AG weitergeführt worden. Uwe wollte nicht unhöflich sein, wartete eine günstige Gelegenheit für seine Zwischenfrage ab und erfuhr deshalb auch noch, dass die Bahn zum 1. April 1949 in Staatseigentum übergegangen und fortan von der Deutschen Reichsbahn betrieben wurde.

„Tschuldigung, aber wie komm ich'n nun in de Bahnhofstraße?"

„Ich homm däs doch gesöt, däis is bai Farnroda, bäim Bohof", meinte der Gefragte und kehrte sofort zu seinem Thema zurück. Der Bahnhof sei natürlich nicht mehr in Betrieb, weil man die Strecke am 23. September 1967 stillgelegt habe. Ob das nicht eine Sauerei sei. Plötzlich schaute er auf die Uhr und meinte, jetzt müsse er aber unbedingt los, zur Spätschicht. Wünschte noch angenehmen Urlaub im schönen Thüringer Wald und fuhr davon.

In hohem Bogen flog eine weggeschleuderte Karo-Kippe durch die Luft, begleitet von einem erbitterten „Scheiß-Thüringer-Wald, Scheiß-Bahnhofstraße!" Uwe brannte sich eine neue an und kombinierte: Wenn der Typ nach Farnroda gefahren wäre, hätte er ihn sicher mitgenommen. Also liegt das Nest nicht in seiner Fahrtrichtung. Er machte eine 180-Grad-Kehrtwendung und lief los. Eine Dreiviertelstunde später – Ortskundige hätten zu Fuß zehn Minuten gebraucht – stand er tatsächlich in der Bahnhofstraße, die zum Glück nur ein paar Häuser hatte.

Der erste gemeinsame Abend jenseits der Tautenhainer Kaserne war zwar weit kürzer als geplant, aber so herzlich gelacht wie in diesen paar Stunden haben sie während der gesamten 18 Monate nicht.

Kollektiv-Erziehung
Der vereitelte Weihnachtsbaum-Klau

DIE WEIHNACHTSZEIT mit ihrem besonderen Flair hielt bei uns Thüringern auch in den sozialistischen Jahrzehnten regelmäßig Einzug. Dabei spielte es keine Rolle, ob vom Christkind, vom Weihnachtsmann oder von der „geflügelten Jahresendfigur" die Rede war.

Eigentlich ging es schon (oder erst!) im Advent los mit den Vorbereitungen. Es gab Kindergarten-, Rentner-, FDJ-, DFD- und andere Weihnachtsfeiern. In den Schulklassen der Unterstufe fanden sie zum Pioniergeburtstag statt; die sozialistischen Brigaden kombinierten sie bisweilen mit dem ÖKuLei (ökonomisch-kultureller Leistungsvergleich). In jene Wochen fiel auch das Schlangestehen nach Raritäten für die Feiertage und die verzweifelte Suche nach Geschenken. Wer nicht schon vorausschauend im Sommer damit angefangen hatte, chinesische Handtücher oder Lauschaer Glaskugeln zu besorgen, flitzte am 23. Dezember noch schnell in den Kunstgewerbe- oder in den Delikatladen (auch Fress-Ex genannt), um die liebe Verwandtschaft mit Weidenkörbchen, Holzlöffeln, Schnaps Marke Helios oder Trinkfix zu erfreuen.

Ein wichtiges Weihnachts-Utensil war in der Adventszeit für alle erhältlich: der Weihnachtsbaum. Freilich hat mancher Familienvater die erstandene „Krücke" etwas aufgemotzt, indem er mit handwerklichem Geschick noch ein paar Äste einfügte oder den Baum gekonnt zwischen Kredenz, Sofa und Sessel platzierte. Aber immerhin hatte doch jede Familie EINEN Baum; erst der Kommunismus sollte dereinst jeder Familie IHREN Baum bescheren.

Nun gab es aber ein paar ungeduldige Leute, die mit ihrem Weihnachtsbaum nicht auf den Kommunismus

Exoten wie Blautannen oder Douglasien als Weihnachtsbaum waren damals die Ausnahme; in den meisten Wohnzimmern standen Kiefern oder Fichten.

warten wollten und sich diesen prinzipiell in eigener Regie besorgten. Vor allem Thüringer! Logischerweise, denn Hallenser oder Berliner hätten in ihrer Umgebung lange danach suchen können. In unserer nadelwaldreichen Gegend bestand weitaus mehr Aussicht auf Erfolg. Der Günter war so ein ungeduldiger Thüringer, der seinen Weihnachtsbaum alle Jahre ehrlich klaute – auch dann noch, als für dieses Vergehen satte 500 Mark Strafe angedroht wurden. Wie immer unternahm er am letzten Advents-Wochenende einen Winterspaziergang, ausgerüstet mit einem Flachmann in der Brusttasche und einer Handvoll weißer Bändchen, mit denen er seine Weihnachtsbaum-Favoriten markierte.

Am 23. Dezember, nach Einbruch der Dämmerung, war es so weit. Günters Frau setzte die Pellkartoffeln für den weihnachtlichen Kartoffelsalat auf und er zog los – die Säge unter der Wattejacke, in der Tasche den hochprozentigen Brustwärmer. Es hatte in den letzten Tagen nicht geschneit, die weißen Bändchen waren gut zu erkennen. Doch je weiter seine Auswahl voranschritt, umso mehr kamen ihm Zweifel. Sollte er wirklich solche verkrüppelten Bäume markiert haben? Selbst die Dunkelheit konnte nicht darüber hinwegtäuschen: Kein einziger war auch nur annähernd als Weihnachtsbaum geeignet. Günter war am Boden zerstört. In der Finsternis aufs Geratewohl einen Baum herauszusuchen, war zwecklos. Mit der Taschenlampe herumzuleuchten, wäre zu gefährlich gewesen, denn in diesen Stunden gab es keine Lauer, auf der die Förster nicht lagen. Der Lichtschein hätte sie magisch angezogen.

Mit hängenden Schultern und unbenutzter Säge, völlig rat- und baumlos, trabte er wieder nach Hause. Sollten es letzte Woche tatsächlich ein paar Schlucke zu viel gewesen sein? Konnte eigentlich nicht sein, denn der Flachmann war der Gleiche wie alle Jahre. Wie sollte er die Sache seiner Frau beibringen?

Er griff in die Brusttasche, nahm noch einen kräftigen Zug und stapfte den verschneiten Waldweg zurück Richtung Dorf. Mit jedem weiteren Schluck gegen die Kälte kehrte ein Stück Mut in ihm zurück. Er knipste die Taschenlampe an und leuchtete demonstrativ in alle Richtungen. Sollten sie doch kommen, die Förster und ihre Vasallen! Ha, sie würden sich umsonst die Mühe machen, ihn, den vermeintlichen Christbaum-Dieb, zu verfolgen. Wahrscheinlich hofften sie schon auf eine Prämie. Günter stellte sich vor, wie sie ihn im nächsten Augenblick mit gezückten Flinten umzingelten und danach lechzten, ihre Hunde auf ihn zu hetzen. Und wie

Unter der Schräge, reichlich behängt und hinter Mobiliar versteckt, sieht selbst eine „Krücke“ wie ein Weihnachtsbaum aus.

blöd sie dann aus der Wäsche gucken würden, wenn sie ihn als braven Wanderer anerkennen mussten.

Am Heiligmorgen ging er zum Weihnachtsbaum-Verkaufsplatz, zum ersten Mal in seinem Leben. Er erwarb für fünf Mark den viertletzten Baum, sofern man dieses Gewächs überhaupt als solchen bezeichnen konnte. Um noch ein paar Äste hineinzuzaubern, reichte die Zeit nicht mehr aus. Also stellte er vor die Kredenz, das Sofa und den Sessel noch die Blumenbank und die Stehlampe. Erwartungsgemäß nölte die Frau in einer Tour und Günter tat, was er in solchen Situationen immer zu tun pflegte: Er schaltete auf Durchgang. Und vertraute darauf, dass sie spätestens zur Bescherung wieder versöhnt war. Immerhin hatte er ein neues Bügeleisen erstanden und eine Flasche Eierlikör gekauft.

Die beiden elf und neun Jahre alten Söhne interessierten sich kaum für die Form des Baumes, dafür sehr für das, was darunterlag. So waren denn am Heiligen Abend alle zufrieden und glücklich. Fast alle! Günter wurmte es gewaltig, was ihm da widerfahren war. Und er nahm sich ganz fest vor, im nächsten Jahr keinen Brustwärmer mehr mitzunehmen, wenn er am letzten Adventsonntag mit den weißen Bändern loszog. Oder nur einen ganz kleinen.

Als er sich am Donnerstag, dem 27. Dezember, mit den Kollegen in der Kantine zum Frühstück traf, war wie üblich von den Weihnachtsüberraschungen die Rede. Doch seltsamerweise sprach kaum jemand über die Geschenke, das Festessen, den Besuch von oder bei der lieben Verwandtschaft. Alle lobten einzig und allein, wie schön gewachsen doch ihr Weihnachtsbaum wäre, wie viele Quirle er hätte und dass er eigentlich mitten in der Stube stehen müsste.

Günter schwieg eisern. Zumindest bis zum dritten Glühwein. Danach gestand er nebenbei ein, dass er diesmal nicht so einen Volltreffer gelandet hatte. Nach

Verführerisch war es schon, den Weihnachtsbaum „auf eigene Kappe“ zu besorgen.

der vierten Tasse aus der Thermosflasche wurde er noch gesprächiger, und kurz bevor die Frühstückspausen-Vorräte erschöpft waren, vertraute er sein diesjähriges Christbaum-Dilemma dem Kollegenkreis an.

Er hatte es noch nicht richtig ausgesprochen, schon erschallte kollektives Gelächter. Nun wurde sein Rätsel gelöst. Es war nämlich der Karl, sein Brigadier höchstpersönlich, der ihm diesen Streich gespielt hatte. Sich hämisch in der Vorfreude suhlend, hatte Karl – nicht nur Brigadier, sondern auch Jäger und Waldschratt – die weißen Bändchen von Günters ausgesuchten Weihnachtsbaum-Kandidaten abgepiepelt und akribisch auserwählte „Krücken“ damit dekoriert.

In den Sommerferien ging's aufs Dorf

MARION UND GUDRUN waren eigentlich Stadtkinder; zumindest im Verständnis jener, die Saalfeld in den 60er-Jahren als Stadt betrachteten. Sie besuchten immerhin eine Stadtschule, und in ihrem Wohnort gab es Kino, Bahnhof, Freibad und all solche Einrichtungen, die für Dorfkinder irgendwie luxuriös klangen. Freilich verfügte die kleinstädtische Metropole über Schätze wie die Feengrotten und hatte weithin bekannte Persönlichkeiten wie den Sarotti-Mohren hervorgebracht. Trotzdem galt die „Schusterbude", wo Mutter Ingrid arbeitete, für die beiden Mädels weit mehr als Nabel der Welt als die einheimischen Feen und der inzwischen gen Westen ausgewanderte Mohr. Dies aber höchstens zehn Monate im Jahr, denn in den Sommerferien ging es zu Oma Frieda aufs Dorf.

Sommerferien! Sie begannen nicht mit der Zeugnisausgabe, nicht mit der Zugfahrt, nicht mit dem Sommerwetter oder der intensiven Landluft in der Nase. Nicht einmal mit dem Anblick des großmütterlichen Häuschens oder der ersten Sitzung auf dem Plumpsklo. Nein, die Sommerferien begannen genau dann, wenn die beiden Mädchen Großmutters Haus betraten und umgehend zu hören bekamen: „Zieht eure Sachen aus." Dann hängten sie brav ihre Sonntagskleider auf die Bügel und Frieda schloss sie im Kleiderschrank ein. Nur für den Fall, dass sie in den kommenden acht Wochen doch einmal einen Ausflug in die „große Stadt" unternehmen würden. Oder dass sich Besuch aus selbiger androhte.

Die Ferienklamotten lagen schon auf der Couch bereit. Alles sauber, geflickt und gebügelt – aber gnadenlos altmodisch! Vermutlich hatten sie schon die Tanten dereinst getragen. Doch egal, Anna war der Meinung, für das Dorf und die Ferienabenteuer seien sie gut genug. Und weil alles, was sie sagte, Gesetz war, gab es

Sonne, Sommerferien und natürlich der geblümte Sommerrock!

Gewicht – Gegengewicht! Auf der Dezimalwaage wurden nicht nur Runkeln, Kartoffeln und Getreidesäcke gewogen, man konnte auch exakt feststellen, wie viel ein Kind über die Sommerferien zugenommen hatte.

kein Murren. Gudrun und Marion zogen die ausgewaschenen, geblümten Röcke über ihre Köpfe, und wenn das eingezogene Gummiband um die Taillen schnipste, dann hatten die Sommerferien begonnen. Jedes Jahr aufs Neue. Ob die geblümten Sommerröcke mitwuchsen oder ob es an der sich einschleichenden Mini-Mode lag – die Röcke passten immer!

Fünf Minuten nach dem offiziellen Sommerferien-Beginn stellte Großmutter die obligatorische Frage: „Waren die Zensuren gut?" Ebenso obligatorisch folgte das synchrone Nicken der beiden, damit war das Thema abgehakt. Für Marion und Gudrun sowieso, weil vor fünf Minuten die Sommerferien begonnen hatten. Und für Oma Frieda, weil sie sich nie wirklich für die Zeugnisse ihrer Enkelinnen interessierte.

Weit mehr von Interesse war für sie deren Gewicht. Deswegen ging es auch in der achten oder neunten Ferienminute schnurstracks ab in die Futterküche und auf die Dezimalwaage, wo üblicherweise die Getreide- und Kartoffelsäcke gewogen wurden. So eine, wo auf der großen Plattform die Säcke – oder diesmal die Mädchen – standen und auf der kleinen Plattform die großen und kleinen Gegengewichte aufgestellt wurden.

Die gleiche Prozedur fand knapp acht Wochen später wieder statt, am Ende der Sommerferien eben. Für jedes Pfund, das sie zugenommen hatten, ernteten die Mädels ein dickes Lob. Und Oma Frieda war ungeheuer stolz darauf. Eigentlich wären die Erfolge noch weitaus größer gewesen, wenn die beiden „Weiber" etwas weniger mit den Dorfjungen herumgerauft und dafür noch mehr in sich hineingefuttert hätten.

Mit Reibeisen, Kloßpresse und Waschkessel

„DE KLIESSE SIN mei Leibgericht, ohne Fleesch un ohne Suße, nee, das is kee Sunndach nicht ... Mondach wärn se offgewärmd, ein jeder davon schwärmd.“ Dies ist der Refrain eines Liedes, das in den 50er-Jahren in der Saalestadt Kahla entstand. Es fehlte zu keinem Tanzabend der Kapelle „Die Freudenspender“.

Nach wie vor sind die Thüringer Klöße hierzulande ein Muss der traditionellen Hausmannskost. Doch anders als heute, da wir die zugehörige Masse aus rohen, geriebenen, ausgepressten Thüringer Kartoffeln aus der Tiefkühlabteilung verwenden und nur noch mit den frisch gekochten vermischen, war dereinst das Klöße-Machen eine aufwendige Angelegenheit.

Schon am Vortag geschält, wurden die Kartoffeln auf dem Reibeisen gerieben. Die Masse kam in den Kloßsack und dieser zwischen die dicken Holzplatten der Presse. Erst wenn trotz größtem Kraftaufwand – hier mussten die Männer mit ran – beim „Zudrehen“ kein Wasser mehr herauskam, war die Masse trocken. Die gute alte Kloßpresse war vielfach noch bis in die 80er-Jahre hinein im Einsatz. Es sei denn, die Familie verfügte über einen Tischler und dieser über eine Hobelbank, in welche man den Kloßsack ebenfalls einspannen und pressen konnte.

Der Einzug moderner Technik machte schließlich auch vor den Thüringer Klößen nicht halt: Per Handkurbel oder gar elektrisch betriebene Kartoffelreiben lösten das alte Reibeisen ab. Alternativ zur Presse steckte man die Masse mitunter auch in die Wäscheschleuder. Die Krönung der „technischen Revolution“ war schließlich die elektrische Fruchtsaftzentrifuge, die sowohl das Reiben als auch das Pressen bzw. Schleudern der Mas-

Die landläufig „Kloßpresse“ genannte Gerätschaft zum Auspressen der rohen geriebenen Kartoffeln.

se übernahm. Jedoch wären unsere Mütter und Großmütter nicht immer mit den Ergebnissen der modernen Haushaltshilfen zufrieden gewesen: zu grob gerieben, zu viele Stücken drin, nicht trocken genug. „Das hätte es zu unserer Zeit nicht gegeben“, glaubt man da die Ahnen sagen hören.

Damals war eben vieles noch ganz anders. Da war es nicht unüblich, zur Kirmes den Waschkessel anzuheizen. Schließlich traf sich die halbe Verwandtschaft, da reichte selbst der größte Kloßtopf nicht aus. So saß man am Vorabend in fröhlicher Runde und schälte eimerweise Kartoffeln, morgens kamen sämtliche verfügbaren Reibeisen zum Einsatz und die Presse absolvierte mehrere Durchgänge. Nicht beneidenswert waren hingegen die Gastwirtsfrauen, die oftmals dies alles allein bewältigten. Aber was tun die Thüringer nicht alles für ihre geliebten Klöße!